LETTRES

SUR

L'ANGLETERRE

(Souvenirs de l'Exposition universelle)

PAR

EDMOND TEXIER

PARIS

GARNIER FRÈRES, LIBRAIRES

215, PALAIS-NATIONAL. — 10, RUE DE RICHELIEU

1851

OUVRAGES EN VENTE CHEZ GARNIER FRÈRES

A 3 fr. 50 cent. le volume.

La divine Épopée, par A. Soumet, 1 vol. 3 50
Lettres sur la Hollande, par X. Marmier, 1 vol. 3 50
Lettres sur l'Islande, par le même, 1 vol. 3 50
Ossian, trad. par Lacaussade, 1 vol. 3 50
Le Livre des affligés, par Bargemont, 2 vol. à. 3 50
Les derniers Bretons, par Emile Souvestre, 1 vol. 3 50
Correspondance de Jacquemont, 2 vol. à. 3 50
Voyages de Gulliver, 1 vol. . . 3 50
Mémoires et corresp. de Diderot, 2 vol à. 3 50
Education progressive, par Mme Necker, 2 vol. à. 3 50
Voyage en Bulgarie, par Blanqui, 1 vol. 3 50
Lettres de Mme de Sévigné, 6 v. à. 3 50
Vies des Dames galantes, par Brantôme, 1 vol. 3 50
Mémoires de Casanova de Seingalt, 4 vol. à. 3 50
Propos de table de Martin Luther, 1 vol. in-12. . . . . . 3 50
Contes de Boccace, traduits par Sabatier, 1 vol. 3 50
Œuvres de Hoffmann, 2 séries à 3 50
Hygiène des femmes nerveuses, 1 vol. 3 50
Physiologie du magnétisme, 1 v. 3 50
Romans, Contes et Voyages, par Arsène Houssaye, 2 vol. à. . 3 50

Œuvres de Topffer.

Rosa et Gertrude, 1 vol. . . . 3 50
Réflexions et menus propos d'un peintre génevois, 2 vol. à. . 3 50

Œuvres de Georges Sand.

Indiana, 1 v. — *Jacques*, 1 v. — *Valentine*, 1 v. — *Le Secrétaire intime*, *Léone Léoni*, 1 v. — *André*, *la Marquise*, *Métella*, *Lavinia*, *Mattea*, 1 v. — *Lélia*, *Spiridion*, 2 v. — *La dernière Aldini*, *les Maîtres mosaïstes*, 1 v. — *Lett d'un Voyageur*, 1 v. — *Simon l'Uscoq* 1 v. — *Mauprat*, 1 v. — *Le Compagn du Tour de France*, 1 v. — *Pauline*; *Majorcains*, 1 v. — *Les sept cordes de Lyre*, *Gabriel*, 1 v. — *Mélanges*, 1 — *Horace*, 1 v.

Auteurs grecs trad. en françа

Orateurs grecs, 1 vol. 3
Œuvres morales de Plutarque, 6 vol. à. 3
Lois de Platon, 1 vol. 3

A 1 fr. 75 cent. le volume.

Mémoires de Saint-Simon, 40 vol. 38 portraits, à. 1
Souvenirs de la marquise de Créqui, 10 vol. à. 1
Historiettes de Tallemant des Réaux, 10 vol. à. 1
Mémorial de Sainte-Hélène, 9 vol. 9 grav. à. 1
Congrès de Vérone, 2 vol. à. . 1
Lettres sur le Nord, par X. Marmier, 2 vol. à. 1
L'Ame exilée, par Anna-Marie, 1 vol. 1
Œuvres de Gilbert, notice par Nodier, 1 vol. 1
Œuvres de Ronsard, 1 vol. . 1
Fables littéraires, par D. T. de Iriate, 1 vol. 1
L'Ane mort et la Femme guillotinée, par J. Janin, 1 vol. . 1
Edith de Falsen, par E. Legouvé, 1 vol. 1
Le Chevalier de Saint-Georges, 4 vol. à. 1
Fragoletta, par H. de Latouche, 2 vol. à. 1
Le Maçon, par M. Raymond, 2 vol. à. 1
Fortunio, par Théophile Gautier, 1 vol. 1
Le Moine, par G. Lewis. 2 v. à. 1
Lettres d'Héloïse et d'Abeilard, 1 vol. 1
Le Gladiateur, *le Chêne du roi*, 1 vol. 1

Saint-Denis. — Typ. de Prevot et Drouard

LETTRES

SUR

L'ANGLETERRE.

SAINT-DNIS. — TYPOGRAPHIE DE PREVOT ET DROUARD.

LETTRES

SUR

L'ANGLETERRE

(Souvenirs de l'Exposition universelle)

PAR

EDMOND TEXIER

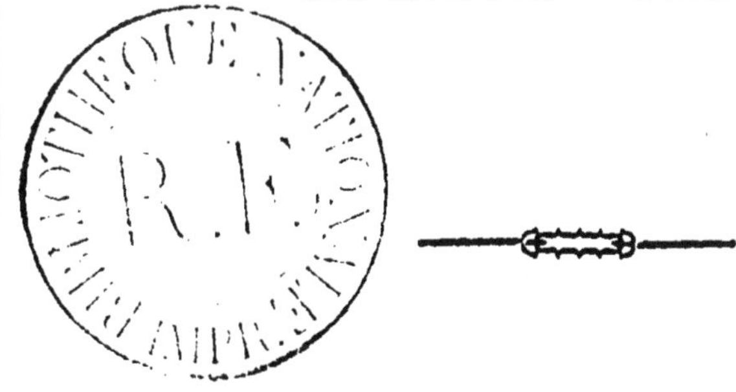

PARIS

GARNIER FRÈRES, LIBRAIRES

215, PALAIS-NATIONAL, 10, RUE DE RICHELIEU

1851

AVERTISSEMENT.

L'accueil favorable fait à ces lettres par les lecteurs du journal qui a bien voulu les insérer [1], m'engage à les réunir et à les publier en volume.

Rien n'a été changé à cette correspondance, écrite au jour le jour ; aussi l'auteur demande-t-il grâce pour quelques répétitions et aussi pour quelques contradictions. En voyant mieux, il a dû modifier son impression première.

Le titre de *Lettres sur l'Angleterre*, donné à une série d'articles où Londres n'est vu, pour ainsi dire, qu'à la surface, est, je le sais, un peu ambi-

(1) *Le Siècle.*

tieux; mais mon éditeur, qui tenait à ce titre, est parvenu à me prouver que Londres étant une partie de l'Angleterre, rien ne m'empêchait de prendre la partie pour le tout.

Voilà le lecteur prévenu. Si quelqu'un est coupable, c'est l'éditeur, et non l'auteur de ce livre.

E. T.

LETTRES

SUR

L'ANGLETERRE.

LETTRE PREMIÈRE.

Londres, 21 avril.

C'est la troisième fois que je visite Londres, et je me rends publiquement cette justice que je n'ai jamais franchi le détroit sans me munir d'un parapluie. A Douvres et à Folkestone, la température est encore assez traitable, le soleil égaie même de quelques rares sourires ces deux petits ports qui regardent la France; mais à Londres.... Des Londoniens m'ont affirmé qu'ils ont assez souvent des journées splendides et des nuits constellées d'étoiles. Je n'ai pas voulu m'inscrire en faux contre ce paradoxe national, mais, si l'on veut savoir ce que sont le soleil et l'atmosphère de Londres, on n'a qu'à se figurer un pain à cacheter rouge collé sur une grande feuille de papier gris.

De la distance de Paris à Londres, il n'en est plus question : c'est à peine si l'on remarque un peu d'Océan entre les deux métropoles; on dîne le soir à six heures sur le boulevard de Gand, et le lendemain matin à sept heures on peut prendre le thé ou le café dans Regent-Street. Ce qui frappe tout d'abord en arrivant à Londres, c'est cette foule énorme et cette immensité dont le Parisien qui n'a pas franchi la Manche ne saurait se faire une idée. A la première vue, on est dans l'admiration pour la toute-puissance de l'homme; puis on reste comme accablé sous le poids de cette grandeur. Ces innombrables vaisseaux qui couvrent la surface du fleuve réduit à l'étroite largeur d'un canal, ces bateaux à vapeur qui volent dans tous les sens, hirondelles de la Tamise; le grandiose de ces arches, de ces ponts qu'on croirait jetés par des géants pour unir les deux rives du monde; les docks, immenses entrepôts qui occupent vingt-huit acres de terrain; les dômes, les clochers, les édifices auxquels la vapeur donne des formes bizarres; ces cheminées monumentales qui lancent au ciel leur noire fumée et annoncent l'existence de grandes usines; toute cette confusion de tableaux et de sensations vous trouble et vous anéantit. On se rappelle Paris, et, dans ce souvenir évoqué, Paris n'apparaît plus que comme une modeste bourgade. La beauté des trottoirs, larges comme des rues, le nombre et l'élégance des *squares*, les grilles d'un style sévère qui isolent de la foule le foyer domestique, l'étendue immense des parcs, les courbes heureuses qui les dessinent, la beauté des arbres, la multitude des équipages attelés de chevaux magnifiques qui en parcourent les routes, toutes ces splendides réalisations semblent appartenir au monde de la féerie, excitent l'esprit et l'enivrent. Le soir surtout, Londres, avec ces magiques clartés qu'alimente le gaz, est resplendissant. Ses rues, vastes comme des places, se prolongent à l'infini; des flots de lumières font étinceler de mille couleurs la multitude de chefs-d'œuvre que l'industrie humaine entasse dans ses boutiques. On dirait d'une cité babylonienne enfantée par l'imagination extravagante du peintre Martinn. Le premier jour, on est émerveillé, on ose à peine en croire ses yeux, tant ce pandémonium d'hommes et de choses vous surprend et vous exalte; mais, passez huit jours à Londres, huit jours seulement, et toute cette fantasmagorie disparaît, la fascination s'évanouit comme la vision fantastique, comme le songe de la nuit. Dans cette désolante et merveilleuse accumulation de puissance, on ne voit plus que de la foule sans mouvement, de l'agitation sans bruit, de l'immensité sans grandeur. Londres est moins une ville qu'une agglomération de maisons et d'édifices.

Quand on est fatigué d'admirer les objets, si l'on porte les regards sur cette foule d'hommes et de femmes qui passent et repassent, on est tout de suite frappé de la tristesse empreinte sur les physionomies. L'Anglais continental, l'Anglais qu'on voit à Paris, n'est pas du tout le même homme que l'Anglais en Angleterre et surtout à Londres. Les Anglais ont un masque qu'ils laissent à Douvres au moment où ils s'embarquent et qu'ils reprennent en revenant dans leur pays. Voyez-les en France, ils sont déridés, joyeux et quelquefois aimables; ils causent, ils rient, ils chantent même à table pour peu qu'on les prie de chanter, et j'en ai connu qui ne craignaient pas d'aborder la contredanse et de figurer dans un quadrille. A Londres, ils sont graves comme des notaires et plus tristes que des croquemorts. Non-seulement ils ne chantent plus, ils ne dansent plus, mais ils se gardent bien de rire, de peur de perdre leur considération ou leur crédit. Au théâtre ou en soirée, si une femme se permet de sourire, c'est que la femme est femme partout et qu'il faut bien montrer un peu les perles de sa bouche. Quant aux hommes, l'ennui qui les ronge est si profond qu'il a imprimé son stigmate sur leur visage. Tous leurs traits sont pendants et, le matin ou le soir, on les rencontre toujours avec cet air affaissé qui explique l'étrange maladie du spleen.

J'avais pour cicerone à mon précédent voyage dans la capitale des Iles-Britanniques un gentleman dont j'avais fait la connaissance à Paris et qui, comme un grand nombre de ses compatriotes, est plus souvent sur le continent que dans sa patrie. Après m'avoir montré avec la plus grande complaisance toutes les curiosités officielles; après m'avoir promené dans les parcs, dans les quartiers brillants, dans les tavernes, mon guide se plaça en face de moi, et de l'air triomphant d'un homme sûr de son fait.

— Avouez, me dit-il, que Londres est la ville par excellence, la métropole de l'univers.

— Avant de vous répondre, permettez-moi de vous demander pourquoi, vous et les gentlemen riches, vous préférez vous confiner dans ce village qui s'appelle Paris, ou en Italie, ou même dans quelque chef-lieu de la Touraine, plutôt que de vivre au milieu de cette métropole du monde?

— L'Anglais est né voyageur, me répondit-il en reprenant son air soucieux; et il changea de conversation.

L'Anglais, par amour-propre national, ne veut pas avouer que le climat de Londres est inhabitable. Aux vapeurs de l'Océan qui voilent constamment les Iles-

Britanniques, se joint, dans les villes anglaises, et surtout à Londres, l'atmosphère lourde, méphitique du charbon de terre. Ce combustible brûle partout et toujours, alimente d'innombrables fournaises, se substitue sur les chemins aux chevaux, et aux vents sur le fleuve qui baigne la capitale de ce gigantesque empire.

A cette énorme masse de fumée surchargée de suie qu'exhalent les milliers de cheminées de la ville monstre, se mêle un épais brouillard. Le nuage noir dont Londres est enveloppé ne laisse pénétrer qu'un jour terne et répand un voile funèbre sur tous les objets.

Rien n'est plus lugubre que la physionomie de Londres par un jour de brouillard, de pluie ou de froid. C'est alors que le spleen vous enlace. Ces jours-là cette immense cité a un aspect effrayant. On s'imagine errer dans une nécropole, on en respire l'air sépulcral. Ces longues files de maisons uniformes aux petites croisées en guillotine, à la teinte sombre, entourées de grilles noires, semblent deux rangées de tombeaux au milieu desquels se promènent des fantômes.

Hier vers quatre heures, j'errai, par le brouillard, dans les rues si correctement alignées et si monotones du *West-End.* Comme à l'ordinaire, passaient les brillants équipages, courant vers Hyde-Park, les ladies magnifiquement parées, les dandys sur leurs chevaux caracolant vers Kensington, et un peuple de valets armés de longues cannes à pommes d'or, mais sur tous les visages l'ennui et la tristesse. Près des trottoirs se tenaient, le teint hâve, les yeux creusés par la faim, une foule couverte de haillons noirâtres, qui regardait d'un œil stupide les heureux ennuyés du monde. Il faut venir à Londres pour se faire une idée du haillon. Quiconque ne l'a vu qu'à Paris ou dans les autres villes de France ne le connaît pas. Ici, la loque dont se couvrent les mendiants est quelque chose d'innommé jusqu'à ce jour. Ce sont des apparences d'habits qui ont dû être noirs primitivement et qui n'ont plus de couleur. On devine le linge absent sous ce tissu luisant et aussi hermétiquement fermé que possible. Les pauvresses portent sur la tête des objets sans forme qui ont été des chapeaux autrefois et dont quelques-uns conservent, — dérisoire antithèse, — une vieille plume qui pend comme une guenille. Tous ces malheureux paraîtraient moins nus s'ils n'étaient pas du tout vêtus. Eh bien! le croirait-on? ces haillons repoussants ne sont point arrivés à leur dernière phase. A Londres, l'habit noir est universel. Les gentlemen et les marchands portent un habit noir; cet habit, quand il est défloré, devient, moyennant quelques schellings, la propriété de l'ouvrier, qui l'endosse le dimanche; lorsque ce frac de seconde main (*second hand*) est complétement usé, le possesseur le revend au mendiant. Ce dernier, après avoir porté cet habit en loques, le vend à son tour au brocanteur, qui l'expédiera en Irlande pour qu'il soit vendu au prix de quelques *pence* aux pauvres de ce pays. Ce n'est qu'après ce dernier relais que l'habit noir façonné dans un magasin de Piccadilly ou du Strand n'existe absolument plus.

Des élégantes calèches, pas un regard de commisération ou de pitié ne tombait sur ces parias de la civilisation. Les dandys bâillaient sur leurs pur-sang, les grandes dames bâillaient dans leurs voitures. Nul, parmi ces représentants de la plus riche aristocratie du globe, ne semblait se douter que toute une population affamée grouillait à ses pieds. Chacun, tout entier à son ennui, n'avait pas le temps de s'occuper de la misère des autres. Dans ces jours néfastes, et ils sont nombreux, l'Anglais, sous l'influence de son climat, est brutal envers tout ce qui l'approche. Il heurte et est heurté sans donner ou recevoir d'excuses, cela va sans dire. Un pauvre tombe d'inanition au milieu de la rue, on l'enjambe et on court à ses affaires; puis, la tâche terminée, on entre au club, où l'on dîne copieusement, où l'on s'enivre et où l'on oublie dans le sommeil de l'ivresse le pesant ennui de la journée. A Londres, le bonheur n'est pas de se sentir vivre, mais bien au contraire d'oublier qu'on existe. De là ces cruchons de bière, ces bouteilles d'ale, ce gin, ce porter et ces grogs monstrueux absorbés par un seul homme dans une seule soirée. L'Anglais n'est pas plus ivrogne qu'un autre peuple, et s'il s'enivre presque quotidiennement, c'est que le climat le force à s'enivrer. Qu'on ne me fasse pas l'injure de croire qu'en parlant ainsi, j'obéis à un préjugé national ou à une rancune : je ne suis pas, Dieu merci! de ces gens qui ne peuvent parler de Shakespeare sans penser à la bataille de Waterloo; je raconte ce que j'ai vu, ce que je vois chaque jour, et je ne demande nullement que la France prenne sa revanche de Trafalgar.

Un des faits qui me frappent le plus, c'est l'impuissance, pour ne pas dire l'inutilité, de l'anglicanisme. La religion anglicane semble avoir été inventée tout exprès pour l'aristocratie anglaise. Là, le sort de l'Irlandais, du juif, du mendiant, n'inspire aucune pitié. Les Romains n'étaient pas plus insensibles aux tortures des gladiateurs qui périssaient dans le cirque. Le prêtre anglican prononcera bien en chaire un discours emphatique sur la charité; mais, pour ces milliers de malheureux qui meurent chaque jour dans les horreurs de la misère et de l'abandon, il n'a pas une larme, pas un mouvement parti du cœur. Le ministre anglican est essentiellement le prêtre des riches et des lettrés. C'est un rhéteur assez instruit qui s'occupe de polir sa phrase, d'arrondir sa période et qui s'inquiète peu du reste. Son devoir est de débiter dans le temple un discours fait avec talent, à jour et à heure fixes. Après quoi il rentre chez lui, dîne au milieu de sa famille et trouve que tout doit être pour le mieux dans un pays où la taxe des pauvres s'élève à plus d'une centaine de millions.

Il n'est pas possible de rester un mois à Londres sans avoir le cœur brisé à l'aspect de la misère qui pullule dans les rues de cette colossale cité. Dans les faubourgs, ce que l'on voit partout, ce sont des tourbes d'hommes sans aveu que le manque d'ouvrage et les vices de toutes sortes livrent au vagabondage, ou que la faim force a devenir mendiants, voleurs, assassins ; puis des troupes d'enfants maigres et pâles qui, comme les animaux affamés, sortent chaque soir de leurs tanières pour s'élancer sur la ville, où ils se livrent au crime, presque assurés de se soustraire aux poursuites de la police, laquelle est insuffisante pour les atteindre dans cette immense étendue. Mais tout cela ne serait rien encore si l'on n'avait à constater un fléau pire que tous les autres, je veux parler de la prostitution juvénile.

Cependant, la classe dominatrice, non moins blasée que la société romaine sous les Césars, ne pense qu'à jouir. Il faut aux Anglais, pour qu'ils éprouvent une certaine émotion, la vue des hommes en péril. Les tigres, les hyènes, les lions ont d'abord fait fureur, mais quand on s'aperçut que Carter et Van Amburg ne couraient aucun danger, ils furent délaissés. La jeune fille dévorée, il y a trois ans, en plein théâtre d'Astley par un tigre, obtint un immense succès. Pendant quinze jours, il ne fut question que d'elle dans les cercles et dans les clubs. On enviait hautement les gens qui avaient été assez favorisés pour assister à cette représentation extraordinaire. Entendre craquer les os d'une pauvre fille sous les dents d'une bête féroce, quelle belle occasion d'être ému ! Je suis certain que le moment n'est pas très-éloigné où il faudra à cette aristocratie fatiguée le spectacle du combat des hommes contre les animaux. On parle, à l'heure qu'il est, d'une société de capitalistes formée pour élever un vaste cirque où des lutteurs se mesureront contre des ours. M. Romieu doit être satisfait. Voici déjà l'Angleterre qui arrive au Bas-Empire.

Je défie le Français le plus entiché de préjugés de caste, le plus conservateur, de n'être point douloureusement impressionné en face de cette antithèse sociale, la plèbe anglaise et l'aristocratie anglaise. Il n'est pas besoin d'être descendu dans les profondeurs de cette société monstrueuse pour en surprendre les vices cachés et pour en sonder les abîmes. La surface fait tout de suite deviner le fond. Les Anglais, qui prônent toujours leur pays, vous tournent les talons si vous avez le malheur de ne pas professer la plus grande admiration pour les institutions britanniques. Je n'ai rencontré ici qu'un seul homme qui ne craignît pas de penser tout haut devant les étrangers. C'est un médecin célèbre qui habite dans Hanover-Square. Je lui racontai ce que j'avais éprouvé à la vue de la population famélique des faubourgs; il me laissa parler sans m'interrompre, et me dit ensuite avec un sourire mélancolique : *What would you say, sir, had you visited Ireland?* (Ah! monsieur, que diriez-vous donc si vous aviez visité l'Irlande?)

Cette peinture, très-exacte mais un peu sombre, que je me suis cru obligé de faire comme une préface à la description des plaisirs et de la vie élégante de Londres pendant la durée de l'exposition, ne doit pas éloigner le visiteur. Dans les quelques jours employés à contempler toutes les merveilles de cette grande ville, il ne verra même pas l'ombre de ce splendide tableau. Que de curiosités à contempler en outre de cette basilique de l'industrie appelée le palais de Cristal! le théâtre de la Reine, la Tour, les musées, les deux chambres, Brigthon, Newgate, les squares, les parcs, Saint-Paul, Westminster, et le reste.

LETTRE DEUXIÈME.

Londres, 23 avril.

Je parlais dans ma première lettre du théâtre de la Reine : c'est là que Londres s'offre sous son aspect le plus merveilleux. Aux soirs de grandes représentations, ni la salle des Italiens ni l'Opéra ne peuvent donner une idée des rayonnements de la salle de *Her Majesty's Theatre.* L'aristocratie anglaise y est représentée sur six rangs de loges. Les diamants, les pierreries de l'Inde étincellent sur le col, dans les cheveux et sur les doigts des nobles ladies. Ces beaux cygnes de la Grande-Bretagne étalent avec une complaisance toute londonienne leur superbe corsage, et les dentelles au ton roux rehaussent encore l'éclat de leurs blanches épaules qui sortent vaporeusement d'un nuage de points d'Angleterre. O filles d'Albion ! le plus illustre de vos poëtes modernes, lord Byron, vous a calomniées ! Les Anglaises en toilette de bal (et elles sont presque toujours en toilette de bal) sont les femmes dont on peut le plus sûrement apprécier la beauté à la première vue. En dépit des prescriptions du *cant*, elles sont si incomplétement vêtues que, si on les débarrassait de leurs bracelets d'or, de leurs colliers de perles et de leurs rivières de diamants, il ne leur resterait pour se dérober aux regards que le voile de leurs longs cheveux cendrés.

Cette habitude d'étaler ses trésors en public date de loin dans ce pays, si nous devons nous en rapporter à ce passage des mémoires d'Hamilton où le chevalier de Grammont dit, en parlant de miss Temple, l'une des plus belles héroïnes de la cour de Charles II : « Miss Temple ne soignait que ce que les femmes de cette cour laissent voir à tout le monde, le visage, la gorge et les mains. »

Mais, hélas ! en sortant du théâtre de Sa Majesté, on se trouve au milieu d'une foule de femmes exactement pareilles par la toilette et par la beauté à celles qui, quelques minutes auparavant, ornaient les loges. Un sauvage de l'Amérique du sud pourrait supposer qu'il revoit dans la rue les créatures admirées dans la salle. Mais un Parisien n'est pas assez ignorant des mœurs britanniques pour admettre que pairesses et ladies puissont se promener la nuit, les épaules et les cheveux au vent. Il faut donc hasarder une autre supposition. C'est la vraie. Ces femmes sont innombrables dans le Strand, dans Piccadilly, dans Regent-Street, dans tous les carrefours de Londres, mais surtout aux environs des théâtres. Pour parvenir jusqu'à son *cab*, on est forcé de traverser des vagues de cheveux blonds. Monstrueux contraste, on voit dans la même soirée les deux anneaux extrêmes de la chaîne sociale, et il se trouve qu'au premier aspect la pairesse de la loge et la femme de Hay-Market sont semblables, semblables par la beauté, par la jeunesse et par l'absence de costume. Elles ne diffèrent en apparence que par la qualité des diamants.

Il y a quelques jours, en sortant du théâtre de Sa Majesté, j'ai été témoin d'un spectacle assez étrange. A l'heure qu'il est, Londres est le Coblentz des partis vaincus. A tout instant le socialiste y coudoie le dynastique, et j'ai vu un vieux beau, très-connu dans le parti légitimiste, allumer sa cigarette au cigare d'un jeune républicain. Têtes rondes et cavaliers se rencontrent à la même fête et dînent à la même taverne : si l'exil irrite quelques esprits, il modifie aussi les opinions extrêmes ; la tolérance politique n'existe véritablement que sur la terre étrangère. En France, on est homme de parti ; à l'étranger, on est Français ; ici les nuances disparaissent devant le sentiment de la nationalité. Pour comprendre ce qu'est l'amour de la patrie, il faut avoir quitté sa patrie. En foulant ce vieux sol, qui a été pendant si longtemps l'ennemi de mon pays, je sentais monter à mon cerveau des bouffées de patriotisme dont le souvenir me fera probablement sourire le jour où je reverrai le ruisseau de la rue Saint-Honoré. Un voltairien affronterait courageusement le martyre à Constantinople pour la défense de la religion dont il parle si légèrement dans les salons parisiens.

Quelques mots maintenant de l'immense exhibition qui s'apprête.

Londres ne songe qu'à l'exposition, n'agit qu'en vue de l'exposition et ne parle que de l'exposition. Les vitrines des étalagistes, les omnibus, les cabs étalent aux regards du passant des lithographies coloriées représentant la grande *exhibition*. Hyde-Park est rempli de visiteurs qui accourent de toutes les extrémités de la ville. On compte tellement sur un immense concours d'étrangers qu'en ce moment Londres est littéralement à louer. L'inévitable *to be let* apparaît derrière toutes les vitres. Où se logera la population quand elle aura abandonné ses maisons aux locataires du continent et de l'Amérique? Je n'en sais rien. A moins qu'elle ne descende dans les caves, ce qui pourrait bien arriver, tant on est toujours prêt ici à faire les plus grands sacrifices en l'honneur du dieu *money!* Les suppositions qui ont été avancées par les journaux français sur le prix fabuleux des logements ne sont pas très-exagérées. La moindre petite chambre vaut 10 schellings par jour (12 fr. 50 c.), et il est impossible d'aborder un appartement composé de deux pièces si l'on ne consent à le payer une livre (25 fr). J'ai visité avec un de mes amis, dans Cavendish-Square, une petite maison très-modeste dont le propriétaire demandait 360 livres (9,000 fr.) pour trois mois. Les indigènes trouvent les prétentions du loueur très-raisonnables, et cela est vrai quand on songe que deux Français, dont l'un est un des plus riches imprimeurs de France, ont loué dans Trafalgar-Square un logement à raison de six livres par jour. Tout le reste est à l'avenant. Le prix des denrées va augmenter dans une proportion considérable, aussitôt que l'exposition sera ouverte. Un Anglais me disait ce matin : « La livre sterling, qui représente vingt-cinq francs de France et qui en réalité ne vaut à Londres que dix-huit francs, ne vaudra plus que douze francs à partir du premier mai. » *Rule Britannia!*

Il n'est pas de préparatif qui ne se fasse en vue de la fête industrielle. Les spéculateurs de toutes les nations sont déja installés à Londres. Chacun a son plan dans sa tête ou dans sa poche pour saisir la fortune aux cheveux. Des Français viennent disputer aux habitants de Londres les dollars de l'Amérique, les guillaumes de la Hollande, les frédéricks de la Prusse, les roubles de la Russie, les duros de l'Espagne et les sequins de l'Orient. Tout le bataillon sacré des chanteurs, des danseurs, des pianistes, des compositeurs et des instrumentistes va franchir le détroit. Julien organise un concert monstre qui se composera de douze cents exécutants. M. Lumley promet des merveilles. Ajoutez à tout cela que des *casinos* dansans et chantants vont s'ouvrir dans tous les quartiers, et vous aurez peut-être une faible idée du bacchanal qui va retentir d'ici à quelques jours dans la capitale des Iles-Britanniques.

Mais, de tous les spéculateurs, celui qui s'est montré le plus audacieux, c'est Soyer, ce cuisinier géant, cette colonne de la gastronomie londonienne. Soyer est un Français qui étudiait il y a vingt ans les secrets de son art sur les fourneaux du restaurateur parisien Douix. Soyer vint en Angleterre et eut la gloire d'inventer des plats qui obtinrent un succès fabuleux. Nouvel exemple de l'inconstance de la fortune! l'ancien garçon de Douix vient de prendre ces jours derniers à son service, en qualité de surveillant général de sa maison, ce même Douix qui lui avait mis les casseroles à la main. Pendant que l'indifférence des consommateurs français ruinait l'établissement du maître, l'élève parvenait de l'autre côté de la Manche au pinacle de la publicité.

Soyer s'est rendu acquéreur de *Gore-House*. Gore-House est située à environ cent mètres du palais de Cristal. Le triomphant Vatel de l'aristocratie a élevé au milieu des jardins de ce palais un restaurant féerique. Du reste, Gore-House a toujours joui à Londres d'une incontestable célébrité. Avant d'appartenir à un cordon bleu, cet hôtel était la retraite aimée d'un bas bleu, je veux parler de lady Blessington. Deux mots en passant sur cette muse de l'Angleterre contemporaine.

Marguerite Pawer, plus tard lady Blessington, auteur de plusieurs ouvrages en prose et en vers, parmi lesquels un surtout fut très-remarqué de la société européenne : *The Governess* (La Gouvernante), était irlandaise de naissance ; son père, simple *sollicitor* (sorte d'avoué) mourut sans fortune. Marguerite Pawer, dont la beauté était remarquable, eut le bonheur de rencontrer lord Blessington, déjà vieux, qui lui donna son nom. Les deux sœurs de Marguerite Pawer firent des mariages aussi inespérés. L'une épousa lord Canterbury, l'autre un officier distingué, le capitaine Fairleigh.

Lord Blessington avait une fille du premier lit qui fut mariée à M. le comte d'Orsay, lequel a longtemps habité Londres. M. le comte d'Orsay, jeune, beau, faisait son entrée dans les salons d'Angleterre au moment où s'éclipsait l'astre de Georges Brummel, à qui un caprice du prince de Galles, devenu depuis Georges IV, avait confié le sceptre de la fashion. Brummel exilé à Caen en qualité de consul d'Angleterre, M. d'Orsay lui succéda comme roi du gilet, et remplit pendant vingt ans la capitale des Iles-Britanniques du bruit de son nom. Il régna aussi à Gore-House pendant que lady Henriette sa femme, traversant le chanal, allait habiter l'Irlande.

La vie de lady Blessington à Gore-House fut à la fois une vie brillante et besogneuse. Luxe et indigence, faste et misère, tel fut le fond de cette existence agitée. Si l'on doit s'en rapporter aux mille échos de la chronique, la grande dame faisait à la fois de la littérature et du brocantage. Elle publiait des *Keepsake* et achetait une foule d'objets de curiosité qui allaient bientôt enrichir les cabinets de ses opulents amis. Lady Blessington, esprit distingué du reste, femme du monde et d'imagination, avait pour sa personne un véritable culte, chose rare en Angleterre, peut-être poussait-elle ce culte un peu trop loin. Elle était de ces femmes qui se croient toujours l'âge de la veille et se donnent volontiers l'âge d'avant-hier. Alors que la première et même la seconde jeunesse avaient fui à grandes guides, elle ne pouvait croire encore à la chute de sa beauté, et elle continuait à s'égarer dans le jardin verdoyant des premiers souvenirs. Les femmes ne fréquentaient point les salons de lady Blessington, mais elle était le centre d'une société d'hommes véritablement supérieurs et qui lui furent dévoués jusqu'à la fin. Lord Byron, qui se sentit épris comme tant d'autres, Southey, Lansdowne, Wordsworth, Campbell, Thomas Moore, Dickens, Forster, Jerold, Thakeray, Normanby, Bulwer, Landseer, Martinn, tous les *leaders* furent ses hôtes assidus. Tous ceux qui vivent encore ont conservé de la divinité de Gore-House un souvenir aimable. Un jour, les créanciers se présentèrent à l'improviste et mirent l'olympe aux enchères. Lady Blessington, accompagnée du comte d'Orsay, traversa tristement le détroit et vint mourir en France il y a deux ans à peine. Les grandes dames de Londres qui l'avaient dédaignée pendant sa vie, tressèrent sur la tombe de la belle et spirituelle lady quelques couronnes posthumes, et Soyer, qui était cuisinier du *reform club* aux appointements de 30,000 francs par an, transporta ses fourneaux de Pall-mall à Gore-House.

Comme depuis quelques jours on ne me parlait que de la nouvelle merveille, de la *Gold Box* (boîte d'or) de Soyer, je pris le parti d'aller la visiter. Quand je me présentai, des équipages attendaient à la porte ; ces équipages étaient occupés par des femmes, de grandes dames, s'il vous plaît, qui sollicitaient la faveur d'être admise à contempler Gore-House avant l'ouverture publique. Mais Soyer se montre intraitable à cet endroit, et, plutôt que d'ouvrir sa maison avant l'époque fixée, il aimerait mieux, je crois, l'enfermer dans un étui. Il est de bon ton parmi les lords de traiter Soyer familièrement et même de s'arrêter chez lui en passant. Soyer, très-honoré comme on le pense bien, de cette précieuse faveur, se consacre tout entier à ses illustres visiteurs, et fait répondre quand on le demande qu'il est occupé à causer avec lord un tel, ou le duc tel autre. Ma qualité d'étranger et de Français parvint enfin à lever les difficultés, et Soyer voulut bien me conduire lui-même dans les appartements de cet extravagant palais. Les murs du vestibule, peints à la fresque, représentent des monuments de toutes les nations du globe, depuis Notre-Dame de Paris jusqu'à la grande pagode de Pékin. L'or et l'argent flamboient dans toutes les salles. Il y a une salle moresque, une salle chinoise, une salle turque, une salle égyptienne. De salle en salle on arrive au salon du Soleil, constellé de lames d'or qui éblouissent la vue ; on passe ensuite dans le salon de la Lune, frangé de lames d'argent ; puis dans le salon de Mercure, de Jupiter, etc. Il n'existe pas au ciel une étoile un peu célèbre qui ne donne son nom à un salon. J'ai vu aussi une grotte immense réservée aux personnes qui prennent des glaces ; des stalactites pendent de toutes parts et lancent des éclairs. Pour donner une idée du luxe effrayant entassé dans ce restaurant cosmopolite, qu'il me soit permis de dire que ce cabinet mystérieux appelé en Angleterre *water-closet* est un vaste boudoir tapissé des plus précieux coquillages. Le duc de Penthièvre avait fait construire à Rambouillet un salon en coquillage qui lui avait coûté trente mille livres de France, et qui avait été dessiné par le chevalier de Florian ; le cabinet de Gore-House est plus beau et plus riche que le salon du duc de Penthièvre. La maison de Soyer est une folie monumentale, et les Anglais eux-mêmes doutent que leur célèbre *cook* réussisse dans son entreprise.

Une des curiosités de Gore-House, c'est le mur de l'escalier. Soyer a fait peindre en caricature du haut en bas toutes les célébrités européennes. Tout ce qui a un nom en France, en Angleterre, en Espagne, en Autriche, en Russie s'agite, se démène dans cette fresque grotesque. L'empereur de Russie, le pape, le prince de Joinville, le comte de Chambord, sans excepter M. Louis Bonaparte à califourchon sur un cheval qu'il conduit par la queue. Alexandre Dumas est figuré en colporteur, et il plie sous le poids de ses romans et de ses drames. Georges Sand fume, Victor Hugo est coiffé d'une cathédrale. Lamartine tourne la manivelle d'un orgue de barbarie. Eugène Sue est en juif errant, Théophile Gauthier en Turc, Jules Janin, armé du fouet, cingle les vaudevillistes attelés à son char de critique. La reine Victoria court après le prince Albert, et le *Charivari* et le *Punch* se donnent de grands coups de plume. Je n'en finirais pas s'il me fallait faire la description complète de cette épopée caricaturale. L'escalier de Gore-House attirera bien des visiteurs, et excitera vivement la curiosité des *cokneys.*

M. Soyer a fait, en outre, élever dans son jardin une tente qui contiendra deux mille convives. C'est sous cette tente qu'il se propose d'offrir, le 15 du mois prochain, un banquet aux journalistes de toutes les nations. Il y aura trois sortes de dîners, à prix fixe : les dîners à une demi-livre, à huit schellings et à cinq schellings. Il compte, dit-il, sur six mille convives par jour. Soyer, j'en ai grand'peur, pourrait bien compter deux fois. Son établissement est trop loin du centre pour attirer longtemps la foule. Mais que ne peut à Londres le despotisme de la fashion!

D'ici à quelques jours, l'émigration va commencer sur le continent et refluer vers l'Angleterre ; nous allons avoir ici des exemplaires de tous les pays. Quelques nobles hongrois ont déjà pris possession des riches hôtels de Piccadilly. La saison s'annonce sous les auspices les plus métalliques; il pleuvra des guinées dans l'escarcelle des marchands, qui font tous gratter, badigeonner, frotter et dorer leurs magasins. Londres efface de ses maisons et de ses hôtels blasonnés les taches noirâtres du brouillard. Jamais on n'a vu nulle part une si effroyable activité. Dans une prochaine lettre, je parlerai des Chinois et des Chinoises accourus du bout du monde pour assister à l'*universal exhibition*.

Les sujets du Céleste-Empire exciteront-ils le même empressement et la même curiosité que le *Gore-House* de Soyer?

LETTRE TROISIÈME.

Londres, 25 avril.

Il existe en Angleterre une classe d'individus qu'il n'est peut-être pas inutile de signaler en passant : c'est la classe des *Frenchmen* qui habitent Londres. Ici on donne l'épithète de frenchman à tout étranger du continent, qu'il soit Allemand, Italien ou Espagnol, de même qu'en Orient on appelle Francs tous les Européens.

Si j'excepte les refugiés, les gens établis et les voyageurs, tous ces étrangers sont venus *pour affaires.* Ils n'ont ni capitaux, ni crédit ; ils n'exercent ni métier ni profession : mais ils ont besoin de vivre, et pour atteindre ce but, ils déploient la plus grande fécondité d'imagination. Ils spéculent sur le ridicule et les travers de ce pays. La noblesse, la haute finance, le commerce, et jusqu'aux petits boutiquiers, attachent aux titres une immense importance. Il n'est pas un seul marchand de Regent-Street ou du Strand qui n'étale dans sa vitrine le brevet blasonné et armorié du noble lord dont il a l'honneur d'être le fournisseur ordinaire. J'ai vu, dans Oxford-Street, le bandagiste appointé par Sa Grâce le duc de Wellington, qu'on ne désigne à Londres que par son titre : *le duc*, comme du temps de la reine Anne on faisait pour Marlborough. Les chercheurs d'aventures étrangers qui accourent à Londres pour tenter les hasards sont tous comtes, marquis, ducs ou généraux. Les plus modestes se contentent du titre de baron ou du grade de colonel. A leur boutonnière s'épanouit le ruban rouge, et, bien que les décorations, très-peu nombreuses en Angleterre, ne se portent qu'à la cour, les Anglais ne sont pas fâchés de recevoir chez eux monsieur un tel, chevalier ou officier de la Légion-d'Honneur. La croix, si prodiguée en France, est encore, pour les insulaires, une marque de *respectability*. La respectability est le mot le plus tyrannique du vocabulaire anglais, il gouverne toute la Grande-Bretagne. Il y a des quartiers respectables, des hôtels respectables, des paletots respectables. Leicester-Square touche à Regent-Street et à Piccadilly, il n'a rien qui soit moins honorable que Trafalgar-Square ou Hay-Market ; mais il est convenu qu'il n'est pas un quartier respectable. Le cocher d'un lord ne voudrait pas compromettre ses chevaux dans un tel square, et fussiez-vous Châteaubriand, personne ne consentirait à vous rendre une visite si vous habitiez un hôtel qui ne fût pas entouré de l'auréole de la respectability.

Il arrive donc que des génies aventureux empruntent, en traversant la Manche, de brillants pseudonymes et signent effrontément les noms les plus aristocratiques du continent. Il existe de ce côté du détroit un faubourg Saint-Germain apocryphe. Ce que l'on nomme la nobility et la gentry ne se laisseraient pas toujours prendre au faux éclat de ce strass; mais les marchands, les *citizens* sont très-honorés de recevoir à leur table M. le chevalier de Choiseul ou M. le vicomte de Mortemart. Londres a surtout l'avantage de posséder un grand nombre de généraux décorés par le grand homme, et dont les noms brillent par leur absence sur l'annuaire militaire de France. On rencontre aussi dans les riches quartiers des messieurs qui n'ont d'autre profession que d'être fidèles à la religion des souvenirs, et qui ne peuvent consentir à habiter la France depuis qu'elle s'est constituée en république.

De leur côté, les femmes légères attirées par l'appât des guinées britanniques sont toutes plus ou moins duchesses ou marquises. Elles se donnent même le plaisir de faire usage des armes de la famille dont elles ont usurpé le nom et le titre. Leur linge et leur argenterie sont marqués au chiffre de leur maison ; leurs laquais portent une livrée féodale. Dans un pays où l'apparence est tout, on comprend qu'une aventurière affublée d'une enveloppe élégante puisse jouer un certain rôle. Tout ce monde forme une collection d'originaux très-curieuse. On m'a assuré que beaucoup de ces individus sont soupçonnés d'être aux gages du gouvernement français, et qu'ils sont spécialement chargés de surveiller les démarches des réfugiés. Les autres sont de simples *gentlemen* qui n'ont pour capital que leur fashionable industrie, et qui réalisent quelquefois, en se faufilant dans les maisons et dans les cercles des marchands, de très-beaux bénéfices.

Je citerai parmi les existences singulières de Londres celle d'une femme qui signait dans différents journaux de Paris des articles de modes, il y a quelques années. Elle était arrivée à Londres, munie de lettres de recommandation et d'une très-jolie personne qui a eu l'esprit de se faire épouser par un membre de la chambre haute. Cette dame vit s'ouvrir devant elle toutes les maisons de l'aristocratie, et lorsqu'elle paraissait dans une loge de *Hay-Market* ou de *Covent-Garden*, le *Court-*

Journal inscrivait le lendemain son nom parmi ceux des ladies de la plus haute volée. Cependant la noble étrangère n'avait pas de fortune, et pour pouvoir vivre honorablement elle eut recours à un moyen vraiment ingénieux ; elle adressa une petite circulaire aux premières familles de Londres pour leur faire savoir qu'elle donnerait trois fois par semaine un thé auquel ne seraient admises que les jeunes personnes appartenant à la noblesse. Ce devait être un thé littéraire, l'étrangère se proposant de faire quelques lectures françaises dans l'idiome le plus pur (*sic*). Ce thé a parfaitement réussi. Un grand nombre de jeunes filles se réunissent en effet chez la lectrice improvisée, qui perçoit modestement de chacune de ses visiteuses une livre sterling par soirée. Le thé de Mme la comtesse *** est devenu le complément obligé de toute éducation fashionable. On se fait inscrire chez elle pour avoir la faveur de grignoter quelques sandwiches arrosées d'une tirade d'*Athalie*. Il est inutile d'ajouter que l'imaginative Mme *** a train de maison, grande livrée et équipage.

Du reste, une idée aussi simple que celle-là réussira toujours à Londres pour peu qu'on soit patronné et recommandé. La vie y est si triste, si penible à supporter dans toutes les classes, que toute chose nouvelle devient une distraction, plus qu'une distraction, un plaisir

Dans la société anglaise, on se fréquente, on ne se lie pas; on parle, on ne cause jamais. L'*home* vu de loin, dans les romans et dans les livres, par exemple, c'est le culte de la famille, c'est la floraison souriante de toutes les vertus domestiques; c'est le frais et charmant tableau peint par Goldsmith dans le *Vicaire de Wakefield*, mais approchez et penchez-vous dans cet intérieur, il est sombre comme une forteresse. En France, le salon est tout grand ouvert aux amis, c'est la plus vaste pièce de la maison, et pour la rendre plus avenante et plus belle, que de gens se gênent et se logent mal! Là on cause librement et sans façon, le mot jaillit comme l'étincelle, la parole serpente à travers les méandres de la conversation. On cueille à l'arbre de la fantaisie tous les fruits, même le fruit défendu; ici, au contraire, on ne connaît pas les douceurs de la vie de société, on se barricade. Si l'on se rencontre, on ne se parle jamais que de généralités banales. Causer de ceci ou de cela, ce serait montrer une préférence pour cela ou pour ceci, et risquer de se compromettre. La conversation n'est pas plus animée dans les rares réunions de la saison. On parlera des environs, de la dernière chasse au renard, de la prochaine course de chevaux, des progrès du protestantisme dans l'océan Pacifique; mais de politique, mais de littérature, mais de son voisin, pas un mot. La conversation anglaise est une sorte de catéchisme par demandes et par réponses. Tout y est noté, même le son de la voix. Au bout de quinze jours, tout gentleman qui veut faire son entrée dans le *higt life* peut savoir à fond son formulaire. De la vient que tout Anglais ressemble à un autre Anglais dans la façon de se vêtir, de parler, d'agir et même de tailler ses favoris. Ce que redoute le plus cette société qui a tant de choses à dissimuler pour se tenir debout, c'est l'indépendance de l'esprit, c'est l'esprit lui-même. En Angleterre, pour être admis et posé, il faut mettre un crêpe à sa fantaisie et garrotter son esprit dans les liens de la convention la plus tyrannique. Si l'on a une opinion et si on l'exprime, on est perdu. Un des plus grands hommes de la Grande-Bretagne, lord Byron, affiché comme *excentric* (un mot terrible à Londres), n'a-t-il pas été obligé de fuir devant l'ostracisme de ses compatriotes?

Au premier abord, en voyant cette société si compassée, si raide, mais si réservée, dans laquelle tout se meut comme par un ressort et où l'on ne parle jamais ni des autres ni de soi, on pourrait croire que la vanité et la médisance y sont inconnues. Ce serait une grave erreur. Quand les Anglais sont entre eux, jamais un mot, jamais un signe ne viennent trahir leur pensée secrète. Ils s'observent, observent les autres et répondent par un sourire stéréotypé sur leurs lèvres, sans que leur physionomie cesse de rester grave, le sourire étant la forme d'adhésion, à ce que disent les gens, le masque de bonne compagnie que doit placer sur sa figure tout homme bien né qui voit le monde. Mais s'ils ont affaire à un étranger dont ils n'ont pas de raison de se défier et qui ne doit pas trop prolonger son séjour dans leur ville, ils laissent échapper des phrases entrecoupées, des mots à double entente, demi-confidences qui soulagent un peu ces esprits écrasés sous le poids d'une perpétuelle contrainte.

Il faut dire aussi que cette existence monotone, ce servage imposé par les mœurs, rendent les Anglais très-indulgents les uns à l'égard des autres. Pendant mon premier séjour à Londres, j'étais très-étonné de voir des hommes d'apparence distinguée aborder ouvertement dans les quartiers les plus fréquentés des femmes plus que suspectes. J'en fis l'observation à un Anglais qui me répondit : « Aussitôt que le gaz s'allume, il est convenu ici qu'on ne reconnaît plus personne. Reconnaître quelqu'un, ce serait du plus mauvais goût. » On voit donc bien qu'en Angleterre, plus encore qu'ailleurs, il ne s'agit que de s'entendre.

Mais qu'il me soit permis de citer un autre exemple qui prouve que le diable ne perd pas ses droits sur la société anglaise, et que ce que l'on appelle la réserve britannique pourrait bien être jusqu'à un certain point de l'hypocrisie. A Londres, on ne vit presque pas le jour; on est tellement occupé, qu'on n'a pas le temps de songer si l'on existe. Après le dîner, les marchands, les gentlemen, les hommes qui appartiennent à la noblesse, vont au théâtre. La représentation terminée, on court à son club; où l'on boit et où l'on fume. Mais le club n'est pas la dernière étape nocturne. Il y a encore le *finish*, ignoble cabaret ou vaste et somptueuse taverne, ainsi nommée parce que c'est là où l'on va finir la nuit.

Les *finishes* se lient aux habitudes anglaises comme l'estaminet aux habitudes allemandes et le café aux usages français. Dans les uns, le commis marchand, le marin boivent de l'ale et fument du mauvais tabac; dans les autres, la fashion se fait verser les vins de France et du Rhin, du sherry et du porto, elle fume d'excellents cigares et a pour compagnes des femmes richement vêtues; mais, dans ceux-ci comme dans ceux-là, l'orgie se motre ordinairement dans toute sa brutalité.

J'avais beaucoup entendu parler des *finishes*, et il y avait longtemps que je désirais connaître un de ces établissements. Un Français qui habite Londres depuis dix ans m'offrit d'être mon cicerone. J'acceptai.

Ces splendides tavernes ont une physionomie qui leur est propre. Soigneusement fermées à l'extérieur, elles semblent le temple du Silence et du Sommeil. Mais à peine le préposé a-t-il ouvert la petite porte par laquelle pénètrent les invités, qu'on reste ébloui par les vives lumières qui s'échappent de mille becs de gaz. Au premier est un immense salon divisé en deux compartiments. Dans l'une des divisions est une rangée de tables séparées par des cloisons en bois, comme dans tous les restaurants anglais. Aux deux côtés des tables sont des bancs en forme de sofas. En face, dans l'autre division, s'élève une estrade où des femmes magnifiquement costumées se tiennent en montre. Elles restent à leurs places, immobiles comme des statues, et ce n'est que lorsqu'un galant gentleman vient en prendre une par la main, que celle-ci se lève toute droite, descend majestueusement les degrés de l'estrade, et conduit son chevalier à une des tables chargées de viandes froides, de jambons, de volailles, de pâtisseries et de toutes espèces de vins et de liqueurs.

Ce n'est guère que vers une heure du matin que les habitués commencent à arriver. Plusieurs de ces palais-tavernes (*gin palaces*) sont les rendez-vous journaliers de l'élite de l'aristocratie. Ces jeunes lords qui tout à l'heure se tenaient raides et guindés, répondant par un oui ou par un non aux questions qu'on leur adressait, ces honorables du parlement qui n'auraient pas osé, quelques instants auparavant, formuler sur le dernier roman paru une autre opinion que celle qui peut se résumer dans l'un ces deux mots : *shocking* ou *beautiful*; tous ces sectateurs du *cant*, tous ces esclaves de la convention, les vapeurs du champagne et l'alcool du madère exaltant leur cerveau, quittent leur habit, dénouent leur cravate, ôtent leur gilet, en un mot, établissent leur boudoir en public.

Les amusements des *finishes* sont assez variés, mais il en est un qui, sans cesse renouvelé, obtient toujours un immense succès. Il consiste à griser une jeune fille jusqu'à ce qu'elle tombe ivre-morte ; alors on lui fait avaler du vinaigre dans lequel ont été délayés de la moutarde et du poivre. Cet horrible breuvage lui donne presque toujours d'horribles convulsions. C'est fort gai. Un divertissement très-apprécié aussi dans ces fashionables réunions, c'est de jeter sur les malheureuses que l'on a grisées des verres de punch ou de toute autre liqueur. J'ai vu là des robes de satin resplendissantes de fraîcheur et d'éclat quelques minutes auparavant et qui n'avaient plus aucune couleur. C'était un mélange confus de toutes sortes de souillures : le vin, l'eau-de-vie, le porter, le café, y dessinaient mille formes fantasques. Quand un étranger assiste à un tel spectacle, il reconnaît que, dans ce puissant et orgueilleux empire britannique, il y a un homme mieux compris encore que Shakespeare : c'est Falstaff.

C'est ordinairement vers sept ou huit heures du matin qu'on se retire du *finish*. Les domestiques font approcher les cabs; les gentlemen qui se tiennent encore sur leurs jambes cherchent leurs vêtements dans un pêle-mêle d'habits, de redingotes et de paletots. Quant aux autres, les garçons de la taverne les rhabillent comme ils peuvent avec les premiers habits qui leur tombent sous la main, les portent dans le fiacre et indiquent au cocher l'adresse du *paquet* qui lui est confié. Si, par hasard, on ignore la demeure de ces messieurs, on les dépose dans une salle, au fond de la maison, et ils restent là jusqu'à ce qu'ils aient recouvré assez de raison pour pouvoir dire où ils désirent être reconduits.

Il serait superflu d'ajouter que les objets consommés dans ces tavernes se paient à des prix énormes, et que le plus souvent ceux qui se sont oubliés dans l'ivresse se trouvent allégés à leur réveil de leur montre et de leurs chaînes d'or. La science du vol est si familière aux déités du lieu, que, même dans la plus profonde ivresse, elles parviennent à *piquer* les poches de leurs nobles victimes.

Le lendemain, ces mêmes hommes qui se sont grisés ensemble se reverront au club, se demanderont de leurs nouvelles, mais ils ne feront aucune allusion à l'orgie de la veille. Ils sont comme s'ils ne s'étaient pas rencontrés dans le *finish*. On le voit, cette bienveillance banale que dans toutes les occasions les Anglais affectent les uns pour les autres, est une sorte de mutuelle assurance organisée sur une vaste échelle. On ne se sent une espèce de liberté qu'à la condition de ne jamais dire un mot de son voisin dans la crainte que le voisin ne parle à son tour. Si tout cela n'est pas la solidarité de l'hypocrisie, ce doit être quelque chose qui en approche de bien près.

Londres est la ville des colossales débauches, mais c'est aussi par excellence le pays de la pudeur dans les mots. Tout ce qui n'est pas classé dans le formulaire de la conversation est *shocking*. Ces jours derniers, on craignait que la reine ne fît une fausse couche. Si vous saviez toutes les périphrases dont se sont servis ces ingénieux journaux anglais pour annoncer cet événement! « Le célèbre docteur un tel, disait le *Morning-Herald*, se rend chaque matin, depuis huit jours, au palais Buckingham. Ces visites répétées du docteur doivent faire comprendre aux fidèles sujets de Sa Majesté que la reine n'entrera probablement pas cette année en nouvelle famille. » Ici, tous les pieds des fauteuils et des chaises ont des pantalons. Il en est de même pour les pieds des pianos. Je demandai à mon hôtesse pourquoi tous ses meubles étaient plus habillés que les ladies que je vois trois fois par semaine à Hay-Market ou à Covent-Garden : — « Ne seriez-vous pas choqué, monsieur, me répondit-elle, si vous aperceviez les jambes de ces fauteuils ? » En Angleterre les fauteuils ont des jambes. Si l'on disait les pieds d'une chaise ce serait *very shocking*.

J'ai eu aussi l'occasion de visiter un établissement très-curieux et d'une physionomie vraiment originale. Je veux parler d'une taverne où, moyennant six pences (douze sous), on assiste aux débats de ces tribunaux populaires qui sont la caricature de la magistrature anglaise. Cela s'appelle la taverne de Nicholson. Le tribunal est composé d'un lord chancelier (Nicholson) de deux juges et d'un attorney général, tous en robes et en perruques à marteaux ; l'accusé est assis à son banc, assisté de son avocat. Le jury est composé de douze assistants de bonne volonté. Les débats s'ouvrent et le président prononce cette phrase sacramentelle : *Water, cigars and grogs* (garçon, des cigares et des grogs). Lord chancelier, attorney général, avocat, accusé, tout cela parle avec la plus comique gravité. Le duel entre l'avocat et l'accusateur est terrible, et comme tous les personnages qui jouent un rôle dans cette comédie connaissent à fond la législation anglaise, il est rare que celui qui représente l'accusé ne soit pas jugé *secundum formulam*. Si un jugement intervient, qui ne soit pas du goût du public, il siffle et demande sur-le-champ l'installation d'un tribunal d'appel. Le lord chancelier, l'attorney général de la taverne prennent les poses et imitent les tics des véritables juges de *Parliament street*, ce qui excite les hourrahs et les applaudissements de l'assemblée. Quelquefois le tribunal juge un homme politique. Sir Robert Peel, lord Palmerston, lord Wellington, presque tous les hommes d'Etat de la Grande-Bretagne ont été condamnés cent fois à la pendaison par les cours de cabarets. En France, la magistrature et le gouvernement ne résisteraient pas dix jours à une pareille parodie renouvelée chaque soir ; ici, cela ne peut avoir aucune conséquence. Si la foule, qui vient d'applaudir à la condamnation d'un lord, le rencontre au sortir de la taverne, elle s'empresse de le saluer jusqu'à terre. En France, nous portons partout la passion politique ; elle nous suit, elle nous obsède, chez nous, dans la rue, au théâtre ; de ce côté du détroit, le peuple ne sait pas ce que c'est. Dans un moment de famine, il criblera sans raison de pierres, comme cela est déjà arrivé, la maison du duc de Wellington ; mais le lendemain, il criera également, sans plus de raison, hourrah pour le noble lord. Le peuple anglais est un enfant à qui l'on donne des formules en guise de dragées. S'il souffre trop et qu'il tente de secouer le joug, on l'arrête par ce mot : « N'avez-vous pas le droit de pétition ? » et il se dit : « C'est vrai ! » Puis il retourne au travail ou à la taverne. Il y a deux ans et demi, lorsque les chartistes se réunirent dans la Cité et voulurent faire irruption dans le West-End, voici comment quinze constables, placés en tête du pont de Waterloo, arrêtèrent deux cent mille mécontents : — Combien êtes-vous ? demanda le chef des constables. — Nous sommes deux cent mille. — Que voulez-vous ? — Nous voulons passer. — La reine s'y oppose. Allez vous promener dans le faubourg, si cela vous plaît, mais vous ne passerez pas par Waterloo-Bridge. — Nous n'avons donc plus le droit de circulation ? — Vous l'avez ; mais vous êtes trop nombreux aujourd'hui pour que votre présence ne cause pas de la perturbation. Si vous avez à vous plaindre, pétitionnez. — Et après ces paroles, le constable leva son bâton et en frappa quelques chartistes..... au nom de la reine. Dix minutes après, le rassemblement s'était dissipé.

Cette confiance du peuple anglais dans la loi et dans son droit est sublime ou ridicule ; c'est de l'héroïsme ou de la faiblesse. Il est soutenu dans sa souffrance, dans ses privations, dans son abjection par cette grande et magnifique croyance qu'il est le premier peuple du monde. Le patriotisme et le porter le consolent de toutes ses misères. Pays étrange que cette Angleterre ! Pays des contrastes et des contradictions! Sol de liberté où les hommes sont esclaves ! Les lois les plus libérales et les usages les plus babares, le moyen âge à côté du dix-neuvième siècle. De sorte que selon qu'on regarde la Grande-Bretagne sous un aspect ou sous un autre, elle vous apparaît comme la plus avancée des nations ou comme la Chine de l'Occident !

Assez de curiosités londoniennes pour aujourd'hui. Une autrefois, je parlerai de la paroisse Saint-Gilles, du quartier des juifs et de *Field-Lane*, la ruelle des foulard volés. Je ne dois pas perdre de vue le palais de Cristal, ainsi nommé parce qu'il est en verre de vitres, ce qui le ferait prendre au premier abord pour la serre monumentale de Hyde-Park. La grande exposition enfante une infinité de petites exhibitions. Un Français, M. Verdeau, est à la tête de l'exposition universelle de peinture qui va avoir lieu à Litchfield-House, St-James-Square. Cette exposition n'empêchera pas l'exposition de peinture anglaise à l'aquarelle qui se tiendra dans Pall-Mall (prononcez Pel-Mel). Je ne parlerai pas de l'exposition de l'Illustration-Gallery, où le visiteur se promène à travers les Indes; de l'exposition Catlin, où l'on est transporté aux pieds des montagnes Rocheuses; de l'exposition de *Polytheenic institution*, où toutes les machines à vapeur réduites en modèles microscopiques fonctionnent avec une vitesse et une précision merveilleuses, ni de cent autres exhibitions étranges qui sont venues se greffer sur la grande. Hyde-Park présente, depuis deux jours surtout, l'aspect de la plus étourdissante activité. Piccadilly est encombré d'omnibus, de cabs, de voitures de toutes sortes qui se précipitent vers Cristal-Palace sur trois rangs de front. Hier, vers deux heures, un pâle sourire du soleil perça le brouillard et illumina un instant les vastes pelouses de cet immense jardin; aussitôt les voitures de l'aristocratie se répandirent en foule dans les allées. Voitures à deux chevaux, à quatre chevaux, à six chevaux, avec deux domestiques par devant, deux valets par derrière et un coureur lancé en flèche; puis, sur des poneys, des centaines d'enfants suivis chacun de deux et même de trois domestiques. La *nobility* et la *gentry*, qui sont si riches, ne peuvent cependant pas acheter des rayons du soleil, et c'est fort heureux; sans cela le soleil ne luirait plus que pour l'Angleterre. Aussi, dès que l'atmosphère s'éclaircit, tous ces heureux ennuyés sortent de leurs palais aux murailles noircies, et vont se réchauffer, comme les pauvres gens des faubourgs, au paternel foyer du bon Dieu.

Chaque jour les cabs et les omnibus qui stationnent du côté du chemin de fer de Douvres charrient dans la ville-monstre des troupes de Frenchmen. Il est facile de reconnaître nos compatriotes, grimpés sur l'impériale des omnibus. Ces voitures sont lancées avec une telle rapidité, que les nouveaux visiteurs se retiennent à leur siége et à la barre de fer d'appui pour n'être pas précipité sur le macadam. Ces contorsions excitent, comme on le pense bien, la grosse hilarité de John Bull, toujours disposé à se moquer du Frenchman, et qui ne peut voir passer une barbe ou une moustache sans se livrer à un éclat de rire ironique. Les femmes du peuple surtout se montrent sous ce rapport encore plus impitoyables que les hommes. Ce matin, en traversant un quartier de la Cité, je n'entendais sur mon chemin que ces exclamations lancées par des porteuses de lait : *Waht a monkey ! look at this Frenchman !* (Regardez ce Français ; quel singe !) Les gens de la classe moyenne ne sont pas assez grossiers pour nous saluer de pareils compliments ; mais à l'air moqueur dont ils nous regardent, on comprend qu'ils partagent tout à fait à notre égard les préjugés des classes populaires, préjugés que trente-cinq ans de paix et de bons rapports entre les deux peuples n'ont pu encore effacer.

L'aristocratie va rester ici jusqu'au 1er mai pour assister à l'ouverture de l'exposition, qui sera faite par la reine en personne et en grande pompe ; après quoi elle émigrera dans ses terres ou sur le continent. Le prétexte qu'elle donne pour légitimer cette fugue, qui mécontente les marchands, c'est que l'affluence de gens qui vont arriver à Londres de tous les points du globe ne peut manquer d'amener aussi le choléra et la peste. Maintenant, si l'on veut savoir la vraie raison, la voici : l'aristocratie anglaise, cette fière aristocratie, ne serait pas fâchée de tirer quelque profit de l'exposition et de louer ses hôtels. L'aristocratie devrait comprendre que dans une aussi grande solennité son rôle est de rester à Londres, quand ce ne serait que pour rassurer les visiteurs qui pourraient prendre au sérieux ces contes bleus de peste et de révolution, et dans ce cas ne voudraient peut-être pas se hasarder à sortir de leur pays.

Une mesure qui produira aussi l'effet le plus déplorable, c'est celle-ci : la commission royale avait décidé que toute personne ayant pris un billet d'abonnement à l'exposition pour toute la saison, serait admise à l'ouverture. Le prix du billet était fixé à trois livres. Tous

3.

les Anglais qui veulent visiter l'exposition se sont procuré leurs billets. Or, à la veille du jour où les étrangers vont venir chercher leur *ticket* d'abonnement, savez-vous ce que l'on fait? on augmente le ticket d'une livre. Cette détermination est officiellement annoncée ce matin par le *Times*. On va même jusqu'à dire qu'une augmentation nouvelle aura encore lieu d'ici au 1er mai. O hospitalité britannique!

LETTRE QUATRIÈME.

Londres, 1er mai.

Ceci n'est pas une peinture des mœurs, des habitudes et des originalités de la ville de Londres, c'est la description pure et simple de la grande solennité qui vient d'avoir lieu, un récit tracé à la hâte sur le bout d'une table, et que je suis forcé d'abréger parce que l'heure du courrier me presse. Depuis deux jours Londres ne vivait plus, ne respirait plus que pour le 1er mai, qui est toujours une fête en Angleterre, la fête du printemps et des fleurs. Pauvres fleurs! triste printemps! Mais cette fois-ci il s'agissait de la grande cérémonie cosmopolite dans laquelle allaient paraître la reine, la cour, les ambassadeurs, les commissaires des nations industrielles et les plus illustres personnages du Royaume-Uni. C'était une fête sans précédents. En ouvrant ce gigantesque palais à toutes les merveilles de l'univers, l'Angleterre allait avoir la gloire d'inaugurer en même temps l'ère des destinées pacifiques. Tous ces peuples réunis dans la métropole anglaise, tous ces anciens ennemis arrivés des points les plus divers pour entonner l'hymne de l'industrie, tout ce pêle-mêle d'intérêts confondus dans un seul intérêt, n'est-ce pas en effet la manifestation la plus évidente que, dans la lutte pacifique de nos trente dernières années, le sabre s'est ébréché contre l'idée? Aussi partout, dans les hautes classes, dans la Cité, dans le peuple, on ne parlait que de la cérémonie d'ouverture; on ne se rencontrait que pour se demander si l'on avait son *ticket*.

Hier matin, la commission ne distribuait plus de tickets. Des esprits forts qui s'étaient promis de ne pas assister à l'inauguration, emportés au dernier moment par l'élan universel, faisaient des efforts incroyables pour se procurer des billets d'entrée. Je laisse à penser si la spéculation a eu beau jeu! Mercredi soir, il y avait, dans Piccadilly, une véritable bourse de tickets. A combien le ticket? A une livre de prime. Un instant après, il *faisait* une livre et demie, et ainsi de suite jusqu'à minuit. Un libraire de Saint-James-Street, qui avait prévu cet âpre désir de la dernière heure, avait modestement acheté pour deux mille livres sterling (50,000 fr.) de billets, et il les a tous revendus avec d'immenses bénéfices. A voir cet emportement, cette furie de toute une population, on se demandait si le palais de Cristal pourrait résister à ces flots de visiteurs qui menaçaient de le submerger.

Mais procédons par ordre. Mercredi matin, les exposants ne savaient point encore s'ils auraient l'entrée libre. Des pétitions nombreuses avaient été adressées à la commission royale; mais la commission avait toujours répondu que ceux-là seuls assisteraient à la cérémonie d'ouverture qui se seraient procuré un billet de saison. Les exposants français, devant cette décision nettement formulée, avaient pris la résolution de recouvrir leurs montres d'enveloppes en toile. Cette idée avait rallié un grand nombre de prosélytes parmi les exposants des autres nations. La Belgique, la Prusse, la France, l'Autriche et l'Amérique étaient bien décidées à ne paraître ce jour-là que sous un domino de toile d'emballage. La commission n'avait pas prévu ce déguisement, qui, en effet, ne figurait pas sur le programme. On hasarda quelques timides remontrances; les exposants tinrent bon dans leurs menaces. Que faire? La reine ne pouvait décemment ouvrir une exposition universelle qui n'existait plus. On entra donc en accommodement, et il fut convenu qu'un certain nombre de billets serait mis à la disposition des exposants de chaque nation. La France a eu pour sa part cinq cents billets. Aussi, à l'heure où j'écris, toutes les vitrines sont resplendissantes, toutes les montres étincellent. C'est la menace de la toile d'emballage qui a opéré cette merveille.

Pendant deux jours, Londres a craint que l'exécution ne suivît la menace. Pourtant, cette résolution, dont l'initiative appartient à nos compatriotes, avait été assez bien accueillie par la population : « Ces enragés de Français ont damé le pion à la commission royale, » disent en riant les insulaires, qui n'auraient certes pas songé à un pareil expédient. En France, la commission eût été chansonnée et vaudevillisée. Ici on se contente de constater sa défaite.

Dès la veille l'aspect du bâtiment avait changé. Plus de ballots dans les couloirs, plus de confusion. Toutes les avenues dégagées permettaient à l'œil de s'égarer à loisir et de pénétrer jusque dans les profondeurs les plus lointaines de l'immense édifice. Partout les tapisseries s'étendant et couvrant les espaces nus ; partout les splendides étoffes ornant et meublant les salles.

Ce jour-là le palais de Cristal avait été témoin d'un spectacle touchant. De malheureux émigrants arrivés du comté de Cornouailles et se rendant en Australie avaient obtenu la permission de visiter toutes ces richesses industrielles, dont ils ne soupçonnaient même pas l'usage. Ils étaient là une centaine d'hommes et de femmes tenant dans leurs bras leurs enfants, pauvres êtres condamnés, eux aussi, à l'exil par la misère. Ces parias de la civilisation européenne venaient jeter, avant de quitter la mère-patrie, un regard d'envie sur ces trésors amoncelés qu'ils voyaient pour la première fois et qu'ils ne reverront plus. Douloureux contraste qui éclate chaque jour à Londres et qui ressortait encore plus dans ce moment solennel ! C'était le jour même où l'Angleterre conviait tous les peuples à son hospitalité, que des sujets anglais, fatigués de souffrances et de privations, se disposaient à franchir l'Océan pour aller chercher, à l'autre extrémité du monde, une terre plus hospitalière qui leur fît oublier les avares mamelles de la patrie !

Lorsque les émigrants pénétrèrent dans la partie de l'exposition qui nous est réservée, les ouvriers français les contemplèrent avec une sorte de curiosité d'abord, puis, dès que leur destinée fut connue, plusieurs de nos compatriotes abandonnèrent leur ouvrage et vinrent leur serrer la main avec cette effusion française qui compatit à toutes les infortunes. Ces pauvres gens, étonnés des démonstrations dont ils étaient l'objet, ne semblaient pas comprendre pourquoi ils provoquaient tout à coup un intérêt si chaleureux. En sortant de l'exposition, ils entonnèrent le *God save the Queen*. Leur dernier cri était pour la reine! Quel peuple étrange est-ce donc que ce peuple anglais qui meurt comme le gladiateur antique en jetant son dernier adieu à César?

J'arrive à la grande solennité d'aujourd'hui. Dès sept heures du matin, Hyde-Park, cet immense jardin quatre fois vaste comme nos Champs-Élysées, est encombré : dans toutes les avenues, la foule, mais une foule britannique, une foule calme et silencieuse, qui attend pour voir passer les équipages et le cortége. On pourrait croire que tous les haillons de Londres se sont donné rendez-vous aux abords du palais de Cristal. Des femmes pâles, maigres et à peine vêtues, traînant par la main des enfants déguenillés, se tiennent, comme les spectres de la misère et de la faim, sur les chemins que piétineront tout à l'heure les chevaux de l'aristocratie. A neuf heures, les voitures commencent à défiler. Piccadilly n'est plus une rue, c'est un fleuve qui charrie des équipages et des omnibus. Un si formidable rassemblement causerait à Paris des accidents sans nombre; ici, on n'a pas le plus petit malheur à déplorer. Personne ne se presse : chacun suit celui qui le précède sans chercher à passer avant son voisin. Si quelque agitation se manifeste dans un groupe, tenez pour certain que ce groupe est composé d'étrangers. Et pour veiller au maintien de l'ordre, quelques *policemen* seulement échelonnés à cent pas de distance. Pour nous autres Français impatients, qui tenons tous de Louis XIV, c'est là un spectacle magnifique que ce calme et ce bon ordre du peuple anglais, peuple véritablement fait pour la pratique de la liberté. J'entre à mon tour dans le gigantesque édifice qui, par la magnificence de sa conception, par l'effet féerique de son architecture intérieure, répond admirablement à sa solennelle destination. Les drapeaux de tous les peuples, les oriflammes de toutes les nations se déroulent à perte de vue. On dirait, mais sur une plus vaste échelle, de la salle des drapeaux de Westminster-Abbey ou de la grande salle des Invalides.

Toutes les merveilles de l'industrie apparaissent dans un magnifique ensemble : statues colossales, larges fontaines lançant leurs gerbes de diamants sur les arbustes et les fleurs, gigantesques télescopes, machines monumentales qui semblent dans la perspective des monstres antédiluviens. Il y a dans ces vitrines richement décorées, dans ces montres tapissées de velours, dans ces estrades surchargées d'objets précieux, des échantillons de toutes les industries du globe; de même que, dans cette foule, des représentants de tous les peuples, depuis le Hollandais flegmatique jusqu'au Chinois dont l'œil sourit toujours. Voici les trois couleurs de France, le lion de Néerlande, la licorne britannique, la lyre d'Irlande, le croissant turc, l'aigle à deux têtes d'Autriche, l'aigle blanche de Russie, l'aigle noire de Prusse, et tous les pavillons bariolés d'Amérique. Tous ces drapeaux, qui ne s'étaient encore rencontrés que sur les champs de bataille, flottent pacifiquement réunis pour la première fois dans la basilique industrielle. Il y a loin de Waterloo à la cérémonie de Hyde-Park, qui voyait s'élever, il y a trente ans, cette grotesque statue de Wellington représenté sous les traits et dans la pose mythologique du fils de Pelée! *Dios Achilleus*, comme dit Homère. Sous les voûtes de cet édifice, la parole humaine coule dans tous les dialectes. L'antique rêve de Babel est réalisé avec cette différence que Babel était la confusion des langues, et que le palais de Cristal est la fusion des intérêts et des esprits.

Au milieu du palais, dans cette partie appelée le transept, on a élevé une vaste plate-forme sur laquelle est placé le trône surmonté de l'écusson britannique. La partie nord du transept qui fait face au trône est garnie de fleurs et de verdure. Ce n'est pas un simple parterre, c'est un jardin; les palmiers, les citronniers, les plantes tropicales, s'élancent dans toutes les directions sous cette haute coupole qui abrite des arbres séculaires.

Un palais bâti par des géants pour des géants.

A onze heures précises, les commissaires royaux, suivis du comité exécutif et des commissaires des nations étrangères, font leur entrée dans le palais au milieu des hourras de l'assistance. Quelques-uns sont en uniforme, les autres en habit habillé, ce que l'on nomme ici, dans le langage de cour, en toilette du soir. Une demi-heure après, Sa Grâce l'archevêque de Canterbury, les ministres de la reine, lord Palmerston en tête, les grands officiers de l'Etat, les ambassadeurs étrangers et les ministres en costume de gala, prennent place à gauche et à droite du trône. C'est M. le baron de Brunow, ambassadeur de Russie, qui ouvre la marche du corps diplomatique.

A midi précis, la reine, qui vient de quitter avec toute sa suite Buckingham-Palace, entre dans le palais de l'exposition par l'entrée du nord. Elle est escortée de son cortége officiel, des ladies en grande robe à queue, et entourée de toute la famille royale et de ses invités étrangers parmi lesquels on remarque le prince royal de Hollande et le prince de Prusse.

Un hourra s'élève de toutes les parties de l'édifice; et, aussitôt que Sa Majesté, montée sur la plate-forme, a pris place sur son trône, un chœur entonne le *God save the Queen*.

Voici dans quel ordre le cortége avait traversé *Constitution-Hill* :

En tête, une compagnie de gardes du corps.

La première voiture, attelée de six chevaux bais, contenait le gentilhomme ordinaire de l'Etat, le gentilhomme ordinaire de la chambre du conseil privé, le commandant des gardes et le page d'honneur.

La deuxième voiture, attelée de six chevaux bais, était occupée par les lords de service près le prince Albert, les grooms de service et la canne d'argent.

Dans la troisième voiture, conduite également par six chevaux bais, se tenaient le lord trésorier de la maison royale et le vice-chambellan.

Dans la quatrième voiture à six chevaux bais : le capitaine des jeunes gardes, le maître de la garde-robe.

Dans la cinquième voiture à six chevaux bais : le comte maréchal, la canne d'or.

Dans la sixième voiture traînée par six chevaux blancs : la dame d'honneur de la chambre, le lord intendant, le lord chambellan.

Puis venait un corps de jeunes gardes suivis de douze soldats à pied. Le carrosse de la reine s'avançait ensuite traîné par huit chevaux de couleur isabelle. La reine avait auprès d'elle le prince Albert et devant elle la duchesse de Sutherland, grande-maîtresse de la garde-robe. Derrière le carrosse, des gardes d'honneur et des gardes du corps.

Dans la salle, l'aspect du cortége royal produit un effet merveilleux. Ces jeunes femmes dont les beaux cheveux, ondes soyeuses, caressent leurs épaules blanches, ressortent comme des déesses au milieu de ces uniformes rouges chamarrés de broderies. On me montre parmi les assistants le duc de Cambridge, le duc de Bedford, le duc de Richmond, le duc de Northumberland, tous ces fiers Normands qui se prétendent les descendants des compagnons de Guillaume. J'aperçois Sa Grâce, âgée de 82 ans, le vainqueur des vainqueurs, lord Wellington. Achille a encore l'air fier, et il se tient toujours droit, malgré le poids des ans. Puis lord Brougham, l'homme colosse qui a un pied sur l'île et l'autre sur le continent, lord John Russel, le comte de Minto, sir Francis Baring, le très-honorable Henry Labouchère, lord Granville, fils de l'ancien ambassadeur d'Angleterre à Paris, et un des esprits les plus fins et les plus distingués de son pays. Le vicomte Palmerston est bien le ci-devant jeune homme qui a été tant de fois dépeint vers 1840, quand Mars 1er entrait au ministère. Lord Palmerston est un des plus longs printemps du monde politique. Derrière la reine se tient la duchesse de

Sutherland, l'une des plus grandes dames et autrefois l'une des plus belles femmes de l'Angleterre, où les femmes sont si belles quand elles sont belles. Le personnage qui excite la plus vive curiosité est un Chinois qui se trouve au milieu des commissaires étrangers et qui représente le Céleste-Empire. Ce mandarin accouru au congrès industriel ne marche pas, il saute en remuant la tête et en agitant les bras ; au repos, on le dirait échappé d'une de ces immenses théières qui ornent l'étalage de l'exhibition chinoise, un immense bouton de cristal resplendit sur sa poitrine. On m'assure que c'est l'insigne de sa dignité, une sorte de palme académique portée exclusivement par les mandarins. Quant à Sa Majesté, qui, dans ses portraits, ressemble aux charmantes têtes de Lawrence, je suis bien fâché d'avouer qu'elle a été un peu flattée ; elle gagne à être vue sur les guinées. Le prince Albert est un très-bel homme, quoique légèrement chauve. Du reste, il a tenu tout ce qu'il promettait.

La cérémonie officielle commence ; le *God save the Queen* a cessé ; le prince Albert se place à la tête des commissaires royaux, et, se dirigeant vers la plate-forme en face du trône de Sa Mejesté, il lit un résumé des travaux du comité exécutif. La reine fait une courte réponse, après quoi elle entend le doyen du corps diplomatique, auquel elle répond également. Puis l'archevêque de Canterbury récite une prière et invoque la bénédiction de Dieu. Cette prière est suivie d'une hymne chantée par le chœur des exécutants.

A ce moment la reine se lève, et la procession royale, composée de toutes les personnes de la suite de Sa Majesté, s'avance dans les galeries. Tous les spectateurs peuvent ainsi contempler les traits de la reine et de sa cour. Pendant le défilé de cette procession, dont l'effet est imposant et splendide, les orgues jouent des marches guerrières et des chants parmi lesquels le chant national de la vieille Angleterre : *Rule Britannia.* M. Danjou, ancien organiste de Notre-Dame de Paris, qui touche de l'orgue français, produit un effet électrique et est applaudi avec fureur par l'assistance et surtout par les dames de la suite de la reine.

Quand la procession est terminée, la reine revient vers la plate-forme, remonte sur son trône, et, d'une voix forte, elle dit en se tournant vers les quatre points de l'édifice : *L'exposition est ouverte.* Aussitôt la bonne nouvelle est annoncée *urbi et orbi* par le son des trompettes, par les détonations des canons royaux placés sur la rive septentrionale de la Serpentine ; les barrières qui avaient protégé la nef sont ouvertes au public et un hourra formidable s'échappe de toutes les poitrines et retentit en même temps dans tous les idiomes : c'est le salut gigantesque de tous les peuples à l'ère de pacification universelle qui commence.

La reine et son cortége rentrent à Buckingham-Palace, et la foule, qui se tient debout depuis six heures, se précipite dans Hyde-Park pour respirer. Les encombrements qui ont lieu à Paris à la suite des feux d'artifice donneront à peine l'idée de l'immense population qui se pressait dans les larges avenues de West-End.

Parmi les Français de distinction que j'ai remarqués à la cérémonie d'inauguration, je citerai MM. Michel Chevalier, Blanqui aîné, Louis Blanc, le statuaire Lemaire, Jules Janin et quelques feuilletonistes arrivés de Paris.

Les dames patronnesses d'Almack's ont pris la résolution de donner une série de bals magnifiques auxquels seront invités les étrangers de distinction. Le premier aura lieu ce soir dans les vastes salons d'Almack's qui sont peut-être les plus beaux et les plus vastes de Londres.

LETTRE CINQUIÈME.

Londres, 6 mai.

Pourquoi ne pas parler maintenant de la fête annuelle du 1er mai en Angleterre? Londres, qui espère toujours que les progrès de l'industrie lui permettront de clouer tôt ou tard un soleil d'or à son firmament brumeux, chante, en attendant la réalisation de cette espérance, l'hymne des jours splendides et des nuits constellées, pour inviter le printemps à franchir la Manche ; mais le printemps est occupé à verdir, à fleurir et à chanter sur les rives de la Loire ; il s'enrhumerait de ce côté du détroit, n'en déplaise aux journaux anglais qui se sont indignés qu'un journaliste parisien eût osé comparer le soleil de Londres à un pain à cacheter. Le *Morning Herald* surtout ne revient pas d'une telle audace, et il déclare majestueusement qu'il ne changerait pas le climat de l'Angleterre pour le climat de la France, car, ajoute-t-il, l'Angleterre est le pays où l'homme peut vivre en plein air le plus de jours dans l'année et le plus d'heures dans le jour. *We maintain that England is the country on earth where a man can enjoy himself the greatest number of days in the year, and the greatest number of hours in the day, in the open air.* A la bonne heure! nous aimons ce patriotisme. Le Lapon, lui aussi, ne donnerait pas ses ténèbres glacées pour les chauds rayonnements du Midi ; mais nous persistons à partager l'avis de cet ambassadeur napolitain qui disait un jour à Charles II : « La lune du roi mon maître vaut mieux que le soleil de Votre Majesté. » Le même ambassadeur qui était, à ce qu'il paraît, un homme d'un rare esprit d'observation, disait également à quelqu'un qui lui parlait de son séjour en Angleterre : « C'est un pays où il n'y a de fruits mûrs, que les pommes cuites, et de poli que l'acier. »

Cette grande colère de la presse britannique me remet en mémoire une anecdote. Il y a quelques années, un lieutenant aux gardes de l'empereur Nicolas entra dans un tripot par un jour d'hiver, perdit tout son argent et jusqu'à son manteau. Le lendemain matin il passait en grelottant sur la Perspective de Néva, lorsqu'il rencontra l'empereur. — Qu'as-tu fait de ton manteau ? lui demanda le czar. — Sire, répondit le lieutenant, à quoi bon un manteau? Est-ce qu'il fait froid à Pétersbourg? L'empereur, ravi de trouver un homme qui crût au ciel de l'Italie dans un climat aussi inclément, donna au lieutenant un brevet de capitaine. Il paraît que pour être bienvenu de la presse de Londres nous aurions dû nous rappeler plutôt l'aventure du lieutenant aux gardes russes. Malheureusement nous n'avions ni joué ni perdu notre manteau.

Donc, le 1er mai, au moment où mouraient dans l'espace les derniers échos du canon de la Serpentine, Londres passait d'une fête à une autre fête, de la solennité de l'industrie à la solennité de la saison. Dans toutes les rues, sur toutes les places des théories d'enfants qui dansaient, environnés de branches vertes, en demandant un *penny* aux passants. Ils tournaient autour d'un buisson enrubanné de faveurs roses et blanches, lequel à un certain moment prenait part à la joie générale et se mêlait à la sarabande. Ce buisson animé est d'un effet très-pittoresque. Un *boy*, comme on dit ici, caché sous une double haie de branches, est le vivant ressort qui met en jeu cette touffe de vert feuillage, surmontée de la couronne impériale d'Angleterre. Poétique symbole que cette allégresse des arbustes et des plantes qui dansent en revêtant leur parure printannière, et comme il danserait à son tour ce peuple déguenillé des faubourgs de Londres s'il lui arrivait tout à coup la même bonne fortune ! Du reste, ces enfants, qui représentent l'enthousiasme reconnaissant de la nature, s'acquittent de leur rôle à merveille ; leur figure s'illumine, leur jarret d'acier frappe la terre, *nunc est pulsanda tellus*, et dans leurs regards, dans leurs traits, dans leurs gestes, on voit éclater comme une vague réminiscence de l'exaltation latine.

Voici la saison que la jeune Flore
Vide à pleines mains l'écrin odorant.

Cette fête printannière se prolonge assez avant dans la nuit quand il ne pleut pas trop. Dans la soirée du 1er mai de cette année, il neigeait un peu. Flore nous arrivait coiffée en frimas. Puis tout à coup, les buissons dansants, accompagnés par des orgues de Barbarie, disparaissent pour céder la place au seigneur Polichinelle, qui porte de ce côté du détroit le titre et le nom de mylord Punch. Ici, mylord Punch jouit d'une très-grande réputation. Il ne saurait exister sans lui de bonne fête populaire. Cela tient à ce que cet illustre personnage ne craint pas à l'occasion de se lancer, comme son confrère le Pulchinella napolitain, sur la mer orageuse de l'allusion politique ; et puis, d'ailleurs, il était à la bataille de Waterloo et il a embroché à lui seul une demi-douzaine de régiments français ; après le noble duc, c'est lui qui a le plus fait pour la gloire de la vieille Angleterre. En voilà, certes, tout autant qu'il en faut pour légitimer la popularité de mylord Punch. Cependant, il faut bien le dire, en dehors de ses gasconnades et de la critique locale, mylord n'est pas très-amusant. On s'aperçoit tout de suite qu'il est au régime du gin et du porter. Il est taciturne, morose, parle peu, parle mal, et donne plus de coups de bâton qu'il ne débite de bouffonneries. En France, la victime de Polichinelle est le commissaire; à Londres, c'est le policeman. Mylord Punch venge le peuple anglais de tous les coups de bâton que reçoit celui-ci, au nom de la reine, dans les rassemblements. Mylord Punch tape dur, et il est toujours victorieux comme de raison ; il faut même qu'il ait dans les coulisses de son théâtre une nombreuse collection de policemen, car les représentants de l'autorité britannique ne doivent pas durer longtemps sous la canne de ce terrible batailleur.

Le lendemain, c'était le *high-life* qui fêtait la solennité du printemps. Le rendez-vous était à six milles de Londres, à Kew-Gardens, dans les serres monumentales de la Société d'horticulture. De Londres jusqu'à Kew-Gardens, ce n'est qu'une longue avenue de parcs et de charmants cottages, délicieuses retraites ajustées dans un cadre de fleurs et de verdure. Aux fenêtres de ces palais microscopiques apparaissent, curieux et souriants, les frais visages des blondes miss qui envoient leurs regards aux voyageurs. Salut, belles filles d'Occident, frêles fleurs normandes greffées sur la tige saxonne! Vous êtes bien les plantes indigènes de ce sol si fier de la ceinture de flots que Dieu lui a donnée. On dirait que dans vos veines coule un sang plus bleu, et à vous voir si blanches et si roses, on penserait que vous êtes nées, vous aussi, d'un baiser de la vague et de votre pâle soleil! Nous arrivons à Kew au milieu d'une file d'équipages qui s'étend sur un parcours de deux lieues. Mon compagnon de route me disait : Où ont-ils trouvé tous ces chevaux? où ont-ils pris tous ces domestiques et ces cochers galonnés et poudrés? On ne nous avait promis qu'un jardin et une serre, nous trouvons dix serres gigantesques et un parc; je me trompe, une forêt, des pelouses immenses, des arbres contemporains de Henri VIII, et des allées moelleuses comme un tapis. Dans les bosquets, les corps de musique du royal-bleu et du royal-rouge; dans les allées, des femmes en robes blanches, malgré le froid, car, à partir du 1er mai, le soleil resplendit au firmament du calendrier, et ici, il en est de l'été comme des usages : c'est une affaire de convention. Je grelottais dans mon paletot à l'aspect de ces gentlemen en pantalon de nankin et de ces ladies printannières. *Dieu me sauve!* j'ai vu le prince de Salerne, un Napolitain, en pantalon blanc! O flatteur! aviez-vous donc, vous aussi, perdu au jeu votre manteau, comme notre ami le lieutenant russe? L'aspect des serres est tout bonnement merveilleux. Nous n'avons rien chez nous qui puisse se comparer à cette richesse floréale. Les plantes de l'Inde, de la Chine, du Japon, des pays les plus extravagants, s'offrent au regard ébloui, et tout cela brille, resplendit, s'enlace, se confond et éclate comme un feu d'artifice. En contemplant toutes ces merveilles, je pensais à Alphonse Karr, ce poëte jardinier, et je me demandais ce qu'il peut faire à Sainte-Adresse le jour où Londres ouvre Kew-Gardens. Eh bien! il paraît que Kew-Gardens n'est rien encore auprès de la collection du duc de Richmond, lequel a fait construire une serre assez vaste pour pouvoir s'y promener en calèche ou à cheval quand la pluie ne lui permet pas de parcourir ses parcs.

Pour comprendre ces magnificences ignorées du continent, il faut connaître le goût ou plutôt la passion des Anglais pour les fleurs. A Londres, il n'est pas une maison aristocratique qui ne soit tapissée de fleurs de la base au sommet. On monte au premier étage au milieu de caisses d'orangers, de grenadiers, d'hortensias et de plantes des tropiques; des géraniums sur tous les balcons ; des fleurs dans le salon, dans la salle à manger, dans le parloir, dans le vestibule ; des fleurs partout, les plus précieuses et les plus belles. Chacun de ces splendides hôtels est un jardin couvert. Il en est de même dans les petites maisons de la classe bourgeoise. J'ai visité aussi à Kew-Gardens la serre des fruits et je me suis promené au milieu des ananas, des pastèques, des poires magnifiques, des raisins splendides, le dessert de Lucullus le jour où il invitait le grand Pompée ou tout autre gentilhomme romain à dîner dans la salle d'Apollon. — Vous avez de l'engrais excellent, disais-je à un Anglais. — Oui, me répondit-il, nous fumons nos serres avec des guinées. O puissance créatrice de l'or ! comment voulez-vous que ce peuple puisse croire à un autre dieu qu'à la livre sterling?

Qu'il me soit permis de rapporter un mot charmant qui a été dit par Jules Janin dans cette serre des fruits. Nous admirions ensemble toutes ces merveilles de l'art et de la guinée, lorsque nous fîmes la rencontre de personnes qu'il connaissait. En marchant, on causa de choses et d'autres. A un endroit où la route se faisait plus étroite, il y eut un échange de politesses, pour laisser le passage libre, avec d'autres personnes qui venaient en sens inverse. — C'est, dit une dame, comme à cette bataille dont j'ai oublié le nom. — Ah ! madame, interrompit Janih, si vous avez oublié le nom de cette bataille, ce n'est pas l'Angleterre qui l'a gagnée.

En revenant de Kew-Gardens, toute cette brillante société a fait une halte à la grande exhibition. Je crois l'avoir déjà dit : on ne vit plus ici que dans les expositions de toutes sortes. Chaque jour en voit naître une nouvelle, et, chose curieuse! toutes attirent la foule. Comme on le devine bien, les femmes vont moins dans ces bazars à la mode pour voir que pour être vues. La société féminine, qui mourait d'ennui depuis des siècles, prend sa revanche à l'heure qu'il est. Au moins aujourd'hui la toilette et la beauté servent à quelque chose. Le matin, on essaie une robe à l'exposition, et le soir on expose ses épaules au théâtre de Sa Majesté ou au théâtre Français. Cependant, comme l'Anglais a payé son ticket trois livres et qu'il ne veut pas perdre une pareille somme, il se croit forcé, lui, de visiter l'exposition dans ses plus minutieux détails ; aussi je doute que les six mois suffisent à cette patiente investigation de bouquiniste. — Que pensez-vous de l'exhibition, demandait-on à un gentleman? — Je ne puis répondre encore, répondit-il ; je n'ai parcouru que la moitié de la Chine.

Quand deux amis se donnent rendez-vous au palais de Cristal, ils conviennent de la contrée où ils se rencontreront. — Attendez-moi en Autriche ou dans le Zolwerein. — Je ne quitterai pas la Russie de toute la journée, etc. On ne dit jamais : Attendez-moi en Angleterre, parce que l'Angleterre ayant pris à elle seule un peu plus de la moitié de l'empire du monde exposant, cela reviendrait à dire : « Attendez-moi sous l'orme. »

LETTRE SIXIÈME.

Londres, 9 mai.

Vous avez à Paris un dieu qui a reçu les dévotions de quelques centaines de mille de fidèles ; ce dieu est dans une balance et il pèse vingt mille livres de rentes. Vous voyez que je veux parler de ce dieu Pavé dont le temple est situé sur le boulevard Montmartre. Mais qu'est, je vous prie, ô Parisiens ! votre méchante idole de deux cent quinze kilogrammes auprès de la divinité que nous possédons ici ? C'est à Londres et non ailleurs que l'on contemple le vrai Jéhova ; un Jéhova de vingt-deux millions, s'il vous plaît, quoiqu'il ne soit guère plus gros qu'un œuf de pigeon. Il s'agit du fameux diamant indien le Koh-i-noor (montagne de lumière), conquis dans une des dernières batailles de Penjab, et qui appartient à la couronne d'Angleterre. La gloire du grand Mogol, du régent et du Sanci a pâli devant l'éclat de ce nouveau soleil. On lui a élevé, au beau milieu du palais, un autel de velours et de cristal protégé par une cage aux barreaux dorés. Toute la journée la foule se presse et va en pèlerinage adorer l'idole indienne, qui vaut certes bien le veau d'or du peuple hébreu.

Il n'y a guère qu'une huitaine de jours que l'exposition est ouverte, et déjà s'élèvent de toutes parts les discussions sur la question de suprématie. Qui l'emportera dans ce tournoi industriel? L'Angleterre, la France, la Belgique, l'Autriche, le Zolwerein ont leurs partisans et leurs détracteurs. La Grande-Bretagne prétend modestement avoir battu les deux mondes sur tous les champs de bataille de la concurrence. Elle place au premier rang non-seulement ses machines, ses draps, ses tissus, mais encore les objets d'art et de goût, les inventions et les découvertes. Hourra! hourra! les morts vont vite et l'Angleterre va encore plus vite que les morts. Attendons que toutes les pièces du procès soient exposées aux yeux du public européen. Tous les objets expédiés ne sont pas déballés. La France, pour sa part, est encore dans le négligé du matin; mais elle se montrera bientôt parée de tous ses atours, et nous verrons à quelle déesse le berger donnera la pomme.

Si parmi les exposants il en est qui se préoccupent

peu de savoir qui l'emportera de l'indigo de celui-ci ou du bleu de Prusse de celui-là, ce sont ces hommes que vous voyez là-bas dans ce petit coin de l'univers industriel. Ils sont muets et leurs traits parlent; ils sont graves et le rire est embusqué sous les cils de leurs yeux fendus en amende. Ils regardent avec une bouche moqueuse cet océan d'habits noirs qui roule dans le vaste palais ses flots de croque-morts, eux qui ont des pardessus de satin jaune, des robes de satin blanc, des pantalons de satin bleu et des toques de satin noir. Leurs pieds, chaussés de sandales, foulent des nattes parsemées de dragons, de salamandres et d'hippogriffes; ils se promènent en sautant au milieu d'énormes potiches, au ventre rebondi, de paquets de thé de caravane, de paravents fantastiques, d'écrans vermillonnés, de tours en porcelaine, et de toutes les adorables chinoiseries du Céleste-Empire. Je suis bien certain que si vous pouviez interroger ces curiosités humaines qui ont franchi les océans dans leur jonque aux flancs arrondis, je suis sûr que ces Chinois vous répondraient : « Que nous font, à nous, vos machines, vos bateaux à vapeur, vos draps de casimir noir, vos hommes politiques, vos journaux, vos statues et vos fontaines de cristal, qui ne sont pas plus hautes que des maisons! Pékin est plus grand que Londres, la tour de porcelaine est plus éclatante que la tour de la Cité, le fleuve Jaune est plus resplendissant que la Tamise; un seul de nos mandarins en sait plus que tous vos savants, et notre divin empereur Tschi-Tzé, fils du soleil et de la lune et cousin germain des étoiles du firmament, est plus glorieux que la reine de ce petit morceau de terre, qui s'appelle la Grande-Bretagne. Nous sommes venus ici, nous, les aînés du monde, pour voir ce que savaient faire nos cadets en civilisation, et nous retournerons vers nos rivages dorés sans avoir changé un poil de notre moustache. » Voilà ce que vous diraient ces hommes, qui ne comprennent rien à notre politique et à nos vaudevilles, et qui n'en sont pas moins des gens très-spirituels, s'il m'est permis d'en juger par l'éclat de leur œil bleu, qui danse un perpétuel fandango entre ses longs cils d'ébène.

Et à propos de cela, voici que j'entends dire de tous les côtés que le fameux mandarin au bouton de cristal et à la plume de paon n'est pas plus mandarin que vous et moi. On ne lui conteste pas sa qualité de Chinois, mais on lui dénie absolument son titre de lettré; il paraît que ce misérable geai du Céleste-Empire s'était couvert de la plume du paon. Cet homme n'est qu'une réclame en chair et en os, au profit de la jonque chinoise mouillée dans la Tamise. C'est le capitaine de la jonque qui a eu l'idée de transformer un de ses mousses en mandarin et en représentant de la Chine. La reine a été victime de la mystification comme l'Angleterre, puisqu'elle a daigné répondre au faux mandarin en cérémonie publique. Qui aurait osé supposer que les Chinois donneraient aux Anglais des leçons de PUFF?

Non loin du Céleste-Empire, les Etats barbaresques sont représentés par la régence de Tunis. J'ai rencontré dans cette partie du monde un journaliste parisien qui écrivait tranquillement son feuilleton assis sur une pile de peaux en maroquin. Il m'a dit qu'il sortait du royaume de Naples et qu'il n'avait pas à se louer de l'hospitalité d'un Palermitain qui l'avait prié d'aller griffonner dans un autre pays. L'Espagne lui ayant également refusé l'encre et le papier, il s'était vu contraint de se réfugier sous l'ombre tutélaire d'un sycomore. Du reste, les Tunisiens de l'exposition sont les antipodes des Chinois. Si ces derniers ne peuvent prononcer un seul mot d'anglais, les autres possèdent une facilité polyglotique qui leur permet de parcourir en quelques minutes le clavier des idiomes européens. Ils répondent en français, en anglais, en espagnol, en allemand, en italien; ils sont Russes avec les Russes, et négociants avec tout le monde. Dieu est Dieu, et l'argent est son prophète. Les marchands de pastilles de la rue Vivienne sont des Turcs plus authentiques que ces *gentlemen* de la côte septentrionnale d'Afrique, qui portent des pantalons à sous-pieds et qui ne tiennent plus à leur pays que par leur teint bronzé et leur aversion pour le sanglier de basse-cour.

Quelques mots maintenant de la physionomie de Londres. Avec un peu d'imagination les Anglais pourraient croire que la conquête est un fait accompli, et que de nouveaux Normands sont descendus sur le rivage saxon. Il serait difficile de répéter aujourd'hui le mot de ce gentilhomme du siècle dernier à qui l'on demandait comment il avait trouvé Londres, et qui répondit : « C'est une ville où il y a trop d'Anglais. » Je ne sais si les insulaires poussent la modestie jusqu'à se claquemurer dans leurs maisons pendant la durée de l'exposition ; mais le fait est que les rues, les parcs, les squares, sont sillonnés d'étrangers, que l'étranger s'est emparé des stalles d'orchestre, des tavernes, des restaurants du West-End, et qu'il est à peu près impossible de se comprendre soi-même au milieu d'un si effroyable cliquetis de dialectes. Dimanche dernier, les trains de plaisir ont commencé à jeter sur les trottoirs des nuées de visiteurs, et j'ai vu ce matin, collée derrière la vitrine d'un libraire de Coventry, une affiche monumentale qui annonçait que des excursions de ce genre allaient avoir lieu de Saint-Pétersbourg, de Copenhague, de Stockholm, voire de Constantinople ! Il est aussi question que la compagnie des bateaux à vapeur de Liverpool doit amener d'ici à deux mois quelque chose comme cinquante mille Américains. La France tient une si large place dans la colonie étrangère, que lorsque deux Français qui se connaissent s'aperçoivent d'un trottoir à l'autre, ils se contentent de se saluer de la main comme s'ils se rencontraient dans la rue de la Paix ou sur le boulevard. Rome n'est plus dans Rome, elle est à Hyde-Park, à Regent-Street, à Belgrave-Square, à Hay-Market, et aussi à Greenwich, où je suis allé dimanche par la Tamise, et où j'ai rencontré une armée de nos compatriotes qui étaient venus comme moi pour manger du *white-bait*, un petit poisson délicieux qui ne se pêche que là et qu'on ne peut manger que là, parce que, pour conserver toutes ses qualités, il est indispensable que le white-bait saute immédiatement de la Tamise dans la poêle et de la poêle sur une assiette chaude.

On doit penser que depuis quelques jours Londres, la ville des traditions séculaires, s'est un peu européanisée, au moins dans certains quartiers. Les casinos dansants, qui sont les bals Mabille de la métropole britannique, s'établissent à peu près partout, et, *horresco referens*, quand le soir arrive, l'archet de la folie résonne sous toutes ces latitudes puritaines. On élève des cirques et des tables d'hôte à la française. Hier j'avais lu dans le

Times que le célèbre restaurateur Verrey de Regent-Street (ici les restaurateurs sont tous célèbres) avait l'honneur d'annoncer à la nobility et à la gentry l'ouverture d'une table d'hôte de deux cent cinquante couverts. Je m'y rendis vers cinq heures accompagné d'un ami. La table était bien de deux cent cinquante couverts, mais il n'y avait pas un convive. Nous voulûmes nous retirer ; on nous supplia d'attendre, et à six heures on servait le repas devant des dîneurs absents. Nous étions venus pour voir le coup d'œil, et nous étions perdus dans un Sahara culinaire. Mon compagnon et moi nous avions chacun dix domestiques derrière soi. Aussi le service laissa-t-il beaucoup à désirer. A la fin de ce banquet mortuaire, le chef de l'établissement vint nous remercier et nous pria de continuer à *grossir* le nombre de ses clients.

Cette mésaventure me rappelle qu'une histoire à peu près semblable arriva à Joanny qui s'en tira mieux que nous. Il était égaré dans je ne sais plus quel Odéon provincial, et il se disposait à représenter Cinna, lorsqu'au moment de lever la toile le régisseur vint le prévenir qu'il n'y avait qu'un seul spectateur dans la salle. Faites lever le rideau, répondit l'artiste, et s'avançant sur la scène : Monsieur, dit-il au spectateur unique, si vous y tenez absolument je vais jouer Cinna, mais, si vous le préférez, nous jouerons ensemble aux dominos. La proposition fut acceptée par le public.

Je n'ai pas rencontré la même solitude dans les casinos et les autres réunions nocturnes. *Argyl-Rooms*, situé près de Hay-Market, est encombré chaque soir ; c'est le temple de la folie taciturne. Tout bon Anglais danse gravement, le regard fixe et les bras collés au corps ; mais s'il est excité par le sherrey ou le porto, il se livre alors à des contorsions épileptiques, et rien n'est triste comme l'aspect de cette lugubre gaîté. Ces jours passés, un groupe d'étrangers fit irruption dans la salle, et plusieurs, se mêlant aux quadrilles, se mirent à broder quelques arabesques continentales ; malheureusement les commissaires, incapables de comprendre ce lyrisme chorégraphique, enjoignirent aux danseurs de se renfermer dans le cadre monotone de la Terpsichore britannique. Mais l'élan était donné, et vers la fin de la soirée l'insulaire lui-même, mis en belle humeur, s'abandonnait à des improvisations échevelées. Ceci soit dit entre nous : j'ai grand peur que, cette année, le cancan ne traverse le détroit. J'ai encore trouvé quelques vestiges de cette danse de haute fantaisie dans un autre établissement, le Vauxhall. Au Vauxhall, on donne des fêtes masquées. L'entrée est de trois shillings, mais le véritable bénéfice de l'administration en ce moment, c'est le bureau des nez postiches. Ceci veut une explication. L'affiche ne dit pas qu'on n'est reçu que masqué; de sorte que lorsqu'un étranger ignorant des rubriques de l'industrialisme anglais se présente au contrôle, on lui laisse prendre son billet, après quoi on lui explique qu'il est impossible de pénétrer dans l'établissement le visage découvert, et on lui offre un faux nez moyennant trois autres shillings. Du reste, une fois que le nez postiche est payé, on est parfaitement libre de le mettre dans sa poche. Si un commissaire vous demande pourquoi vous n'êtes pas masqué, vous tirez votre nez des profondeurs de votre habit et il vous laisse tranquille : vous êtes en règle. Le nez postiche est le passeport du Vauxhall.

Ce Vauxhall est une entreprise de plaisirs sur une vaste échelle; outre la salle de bal masqué et le restaurant, on trouve encore dans les jardins un théâtre desservi par des artistes de quatrième ordre, des acrobates, des jongleurs, des clowns et des boxeurs. Il y a aussi des courses de bagues et même des chevaux de bois. Tout cela pour trois shillings, sans compter le nez.

Passer du Vauxhall au palais Saint-James, la transition est rude; il le faut bien cependant, car j'apprends à l'instant qu'il y a aujourd'hui drawing room ou grand lever chez S. M., et je cours au parc pour voir cette cérémonie.

. . . .

Je reviens du parc; j'ai vu passer le moyen âge et les folles splendeurs du règne de Charles II. Dès neuf heures du matin, les rues qui avoisinent Saint-James-Palace sont sillonnées de policemen armés de leur bâton. Aux fenêtres, aux balcons, des têtes charmantes encadrées de grappes blondes et opulentes. Les équipages arrivent sur deux files; l'une descend par Saint-James-Street, l'autre s'étend sur la grande avenue du parc. Voitures de gala reliées en or, cochers enrubannés, valets portant la canne, le gros bouquet et dorés sur tranche, chevaux harnachés d'or et caparaçonnés d'or, l'or éclatant partout devant les haillons qui bordent chaque côté de la rue. J'ai revu là tous les personnages qui assistaient à l'inauguration du 1er mai; seulement, les hommes étaient plus chamarrés encore, les femmes plus étincelantes de pierreries, les ambassadeurs, les lords, les généraux, les ladies, toute la fine fleur de l'épi britannique. Miss Coutss passe, et la foule crie : Hurrah! Savez-vous pourquoi? Parce que miss Coutss a deux cent millions. O Angleterre! la fée qui a présidé au baptême de tes destinées t'a refusé le don suprême : le sentiment de la dignité humaine.

Le défilé doit durer cinq heures. Dans l'intervalle arrive un régiment de horse-guards, ces géants anglais, précédés du corps de musique portant les costumes chamarrés du temps de la reine Elisabeth. Le régiment se range en bataille sur la place, et la musique joue le *God save the Queen*, tempéré par quelques airs du *Prophète*. Le fleuve aristocratique roule encore ses vagues de dentelles, de satin, d'or et de diamants au moment où je jette ma lettre à la poste. Après-demain, bal royal à Buckingham-Palace.

LETTRE SEPTIÈME.

Londres, 14 mai.

D'après tout ce que je vois, d'après tout ce que j'entends, je suis convaincu que l'exposition universelle de Londres, que cette foire de l'univers, comme on dit ici, obtiendra le plus grand succès... à Paris. Contrairement à tous les précédents historiques des deux nations, c'est Albion, cette fois-ci, qui aura la gloire de l'idée, et la France le profit. La vie, à Londres, est tellement en dehors de toutes les habitudes continentales, que les étrangers ne peuvent séjourner huit jours dans cette métropole de la fumée et du brouillard sans succomber à un ennui qui les pousse invinciblement vers les bateaux à vapeur. « Le jour où, du pont du paquebot, j'apercevrai les phares de France, me disait un de nos compatriotes accouru ici pour admirer les splendeurs de l'industrie, je m'écrierai : *Italiam! Italiam!* » Cependant les Anglais sont résolus à faire tous les sacrifices pour attirer l'univers dans leurs hôtelleries. Ils s'efforcent d'appliquer, le mieux qu'ils peuvent, un sourire sur leur glacial visage, et ils poussent à ce point la bonne volonté d'être aimables, qu'ils ont tous appris à prononcer dans toutes les langues cette phrase sacramentelle avec laquelle ils abordent les visiteurs : *Comment trouvez-vous l'exposition?* Cette phrase, ils la savent en russe, en allemand, en danois, en italien, en arabe et en chinois. Entrez dans un bureau de tabac, et, si vous êtes Français, le *tobacconist* se croira forcé de vous dire en s'inclinant et le sourire aux lèvres : *Comment trové viou le exhibition?* John Bull se faisant prévenant, John Bull sortant à ce point de ses habitudes nationales, quel miracle! et comme il faut que l'Angleterre soit bien déterminée à faire, par tous les moyens, de son exposition d'Hyde-Park le fait colossal de ce temps-ci!

Lorsque je prétends que les étrangers arrivés de tous les points du globe ne séjourneront pas à Londres, et que le trop plein des visiteurs cosmopolites refluera vers la France, j'émets simplement l'opinion de tout le monde. Quand il débarque dans cette ville monstre, l'étranger croit que deux années ne suffiront pas à épuiser sa curiosité ; il se hâte de voir, il se dépêche d'admirer, il court comme un cheval échappé à travers tous les spectacles consignés dans le *Guide du Voyageur;* il voudrait pouvoir étreindre l'immense capitale ; puis, quand il a vu le palais de Verre, la Tour de l'éternelle cité (*eternal city*), Westminster, ce panthéon de toutes les gloires d'outre Manche, les docks, les parks, et cette foudroyante activité de la fourmilière londonienne, il s'aperçoit qu'il ne lui reste plus qu'à contempler des rues alignées au cordeau qui se ressemblent toutes, et des squares dont les maisons de briques sont uniformément revêtues d'une épaisse couche de fumée. Le soir, s'il ne veut pas endosser l'habit noir et s'astreindre à la tyrannique étiquette de la cravate blanche, il ne pourra pénétrer dans aucun théâtre ; aussi isolé dans ces quartiers populeux que s'il était dans un désert, il n'aura pas même la ressource extrême de se réfugier, comme en France, en Italie et en Allemagne, dans ces cafés où l'on trouve toujours dans la lecture des journaux et quelquefois dans la conversation un moyen de distraire son inactivité. J'ai causé avec quelques réfugiés politiques, et ils me disaient : « Le poids du temps est si lourd, que nous voyons arriver neuf heures du soir avec plaisir pour aller nous coucher. Il n'y a pas une très-grande différence, ajoutaient-ils, entre la vaste prison de Londres et l'étroite prison du Mont-Saint-Michel. »

De son côté, l'aristocratie est, à ce que l'on dit, bien décidée à parcourir le continent. On va profiter de l'affluence des étrangers à Londres, pour faire faire *leur tour* aux jeunes gentlemen. On sait qu'ici un homme qui n'a pas fait son tour, c'est-à-dire qui n'a pas quitté son pays pour voyager, est tellement incomplet qu'il ne compte pas. On m'a raconté à ce sujet qu'un honorable baronnet qui avait, contrairement à ses pérégrinateurs compatriotes, les habitudes les plus casanières, n'avait jamais quitté son château du Devonshire que pour venir passer à Londres les trois ou quatre mois de la saison. Grand amateur d'ornithologie, il avait eu la gloire bien rare d'empailler presque toutes les espèces de volatiles connus, depuis le banal rouge-gorge jusqu'au gnau bleu, qui ne se trouve que dans les déserts de la Grande-Cafrerie, cette contrée voisine des parages où chante la mandragore. Notre gentilhomme jouissait de la flatteuse réputation du plus grand empailleur des trois royaumes; mais malgré sa gloire ornithologique, il n'avait pu faire oublier un dédain des convenances impardonnable chez un gentleman. A trente ans il n'avait pas encore franchi le détroit. Ses amis lui démontrèrent avec tant de persistance que l'étrangeté de sa conduite compromettait la *nobility* tout entière, qu'il fit un effort sur lui-même et prit le parti de payer sa dette au despotisme de la convention. Il commanda une immense berline de voyage, dans laquelle il fit placer un lit, une table, ses instruments de dissection, ses livres scientifiques et ses cadavres emplumés. Dans l'arrière-train de sa voiture, il établit son cuisinier et sa batterie de cuisine, puis il ordonna à son valet de chambre de le conduire dans les pays les plus pittoresques et à travers les sites les plus renommés du continent.

Au bout d'un an, le baronnet avait strictement accompli ses devoirs de parfait gentleman, et il revenait à Londres rapportant quelques centaines de nouveaux volatiles disséqués et empaillés dans son voyage. L'honorable baronnet avait dormi, bu, mangé et empaillé dans sa berline, et n'avait jamais songé à mettre la tête à la portière; mais l'honneur était sauf, il avait franchi la Manche, et sa voiture avait visité l'Europe.

Donc, les Parisiens qui ne pourront ou ne voudront pas abandonner le boulevard verront toujours les visiteurs des Deux-Mondes, excepté les Russes, bien entendu, Sa Majesté Moscovite ayant interdit à ses fidèles sujets qui vont à Londres de passer par la France! La France est à l'index à Pétersbourg, et les boyards seront probablement les seuls étrangers, avec les feuilletonistes parisiens, qui prolongeront leur séjour en Angleterre. Quant à moi qui suis venu ici moins en curieux qu'en observateur, et qui suis bien décidé à combattre l'ennui par l'étude des hommes et des choses de ce pays, je tâcherai de montrer aux lecteurs la métropole britannique sous son double aspect, et je passerai alternativement de la contemplation de cette fière, opulente et politique aristocratie à l'examen des misères cachées. La lumière et l'ombre, l'or et le haillon, la satiété et la faim, voilà ce qui frappe tout d'abord dans cette société anglaise dont le colosse de Nabuchodonosor me paraît être le symbole. La semaine dernière, je me faisais l'historiographe du *drawing-room* et de ses pompes d'un autre siècle ; qu'il me soit permis aujourd'hui de parler d'un petit coin de Londres appelé la paroisse Saint-Gilles ou le quartier des Irlandais.

La belle et longue rue d'Oxford que parcourent une foule d'équipages, cette rue Vivienne de Londres, plus grande, plus étincelante que la rue Vivienne de Paris, forme à sa naissance un angle presque droit avec *Tottengham-Courtroad;* à l'entrée de cette dernière rue, en face d'Oxford-Street, existe une petite ruelle presque toujours obstruée par une énorme charrette chargée de charbon de terre, qui laisse à peine assez de place pour qu'une personne puisse passer en s'effaçant le long du mur. Cette ruelle, nommée *Bainbridge*, donne entrée au quartier des Irlandais.

L'Angleterre, je le reconnais hautement, est le pays du patriotisme. L'amour de la patrie est la plante la plus vivace de cette île aux villes enfumées et aux prairies verdoyantes. Et nous autres Français, nous, les chevaliers errants de l'idée cosmopolite, nous ne pouvons nous défendre d'une secrète admiration à la vue de ce peuple qui souffre et qui se console de souffrir en songeant qu'il est le peuple anglais, le peuple éternel, *populus senatusque romanus*. Cependant il faut bien avouer que ce patriotisme anglais est aussi et surtout un esprit de rivalité. Il consiste moins dans l'amour de son prochain, dans le désir d'améliorer la condition de son semblable, que dans la prétention de l'emporter sur toutes les nations. A Londres, tout le monde s'entend à demi-mot pour voiler aux regards de l'étranger les parties sombres du tableau. On vous mènera triomphalement à Belgrave-Square ou à Portland-Place, on vous fera admirer dans leurs plus petits détails les riches quartiers du West-End, mais demandez à un Anglais où est située la paroisse de Saint-Gilles, et il feindra d'en ignorer l'existence, ou il vous donnera de vagues indications; si vous insistez, il finira par vous dire que les Irlandais sont des paresseux, des êtres sans courage, qui aiment la misère par haine du travail, et qui se plaisent au sein de l'abjection.

Ce ne fut pas sans un certain sentiment d'effroi que je pénétrai dans l'étroite et sombre ruelle de Bainbridge. Cette ruelle, entièrement occupée par un vaste magasin de charbon, est à peu près impraticable ; l'atmosphère manque pour respirer, le jour pour se conduire ; dans la plupart des rues de ce misérable quartier, on ne voit pendus aux fenêtres et devant les portes que des haillons qui sèchent comme ils peuvent, dans ce trou où il n'y a pas d'air. Puis, dans ces cloaques improprement appelés des maisons, des hommes, des femmes, des enfants, pieds nus, piétinant dans la fange ; je vis plusieurs femmes allaitant leurs enfants : elles n'avaient qu'une chemise qui tombait en lambeaux et laissait voir leur corps nu presque en entier ; des jeunes filles de seize à dix-huit ans portaient en guise de robe *un vieux paillasson!* L'extérieur et l'intérieur de ces masures s'accordent avec les loques de la famélique population qui les habite. Tous ces malheureux que je ne puis consentir à appeler des hommes et des femmes, tous ces êtres dégradés par la misère couchent pêle-mêle dans la même chambre, j'allais dire dans le même chenil, père, mère, fils, filles et amis. Ils ont des amis. L'expression de leur figure est un des plus désolants spectacles qu'il soit donné à un homme de contempler. En les voyant si pâles et si maigres, si malingres et si étiolés, je me demandais pourquoi tous ces infortunés qui meurent de faim, qui souffrent tous les maux de la terre et de l'enfer, ne commettent pas un crime pour se faire jeter en prison. Il me semble que l'entrée de ces parias à Cold-Bath devrait être pour eux un jour heureux. Je causai avec quelques-uns, comprenant à peine ce qu'ils me disaient et me faisant encore plus difficilement comprendre. Autant qu'il m'a été donné de saisir le sens de leurs paroles, je n'ai surpris dans leurs réponses aucune mauvaise pensée d'envie : ils ne se plaignent pas, ils sont même convaincus qu'ils n'ont pas le droit de se plaindre, ils sont Irlandais ! Ce mot Irlandais sonne à Londres comme le mot chrétien à Constantinople.

Sur ce sol protestant, devant ces ilotes de la civilisation protestante, il n'est pas un enfant de ce siècle, pas un fils de Voltaire, qui, dans un tel moment, ne sente se rallumer le flambeau de la croyance éteinte. Pour moi, je l'avoue, quel que soit mon dégoût pour les déclamations, dans ces hommes affaissés, dans ces femmes livides, je ne voyais ni des mendiants ni des mendiantes, mais des martyrs, et je constatai avec orgueil que ces êtres qui disputent aux chiens errants leur nourriture n'avaient oublié ni la foi persécutée ni l'*Erin* maternelle.

— Etes-vous Anglais? demandai-je à un de ces malheureux dont la prononciation me semblait moins rude que celle de ses compagnons de misère. — Oh non! répondit-il avec une sorte de fierté et une profonde tristesse, je ne suis pas Anglais, je suis de la pauvre et catholique Irlande. *I am not English*; *I am from poor and catholic Ireland*. Je vivrais cent ans que je me rappellerai toujours l'expression désolée de cet homme quand il prononça ces quatre mots : *poor and catholic Ireland.*

Je sortis du quartier Saint-Gilles par la ruelle de Bainbridge, et je me retrouvai bientôt dans Oxford-Street, sillonnée en ce moment par les magnifiques équipages qui se dirigeaient probablement vers Hyde-Park. A l'aspect de ce luxe insolent, je pensais que si nous n'avions pas à Paris cette foule de voitures armoriées, de valets galonnés et armés de grandes cannes, nous n'avions pas non plus un quartier tout entier, un quartier immense voué à la misère, à la honte et à la dégradation!

La philanthropie, cette fausse vertu qui a remplacé une vertu divine, la charité chrétienne, est d'origine anglaise. Il n'est pas un Anglais qui ne fasse partie d'une société de bienfaisance. Mais presque toutes ces associations sont plutôt destinées à satisfaire l'amour-propre des honorables membres qui les composent qu'à soulager de véritables infortunes. J'en dirai autant de ces magnifiques hôpitaux bâtis à grands frais dans les plus riches quartiers de la ville et qui portent tous cette inscription gravée en lettres d'or : *Supported by a volontary subscription...* Que l'étranger, à la vue de ces fastueux monuments, se persuade que Londres est la cité charitable par excellence, qu'il ne saurait exister un seul pauvre dans ses murs, et le but de la philanthropie sera atteint ; mais la véritable charité se serait moins attachée au luxe et aux décorations extérieures : elle aurait multiplié ces asiles de la souffrance en les établissant dans des quartiers moins *fashionables*, moins fréquentés par les visiteurs, mais sur des terrains d'un prix moins élevé, et elle serait peut-être parvenue à assainir tout à fait la paroisse Saint-Gilles et les autres cloaques qui pullulent dans cette immense capitale de l'orgueil britannique.

Le soir de ce même jour, je résolus d'aller faire une visite à la ruelle de *Field-Lane.*

Les costumes ne sont pas seulement motivés par le climat, les croyances et les mœurs ; une foule de circonstances viennent encore les modifier. Si le burnous de l'Arabe témoigne, dans un pays chaud, des habitudes nomades de ce peuple ; si la constante uniformité des costumes de l'Orient atteste l'immobilité de ses mœurs, de sa croyance, de sa pensée, on pourrait en Europe suivre la mobilité des idées, la brièveté ou la longueur de leur règne par la durée des modes qui les reflètent. L'abandon de l'épée, l'usage universel du frac annonça en France le triomphe de l'égalité avant que ce principe se traduisît dans les institutions. Le costume peut encore faire connaître jusqu'à un certain point les maux physiques et moraux qui affligent un pays. Le choléra a doublé la consommation de la flanelle, et en Angleterre toutes les poches sont placées en dessous de l'habit ou de la redingote.

C'est que l'Angleterre est par excellence le pays de l'escamotage. Nos détrousseurs parisiens, qui sont cependant assez habiles, pâlissent devant les *pick-pockets* de Londres. Quand on se hasarde dans certains quartiers, on n'est jamais bien certain, quelque précaution qu'on prenne, de revenir chez soi avec sa bourse, sa montre ou son mouchoir. La subtilité de doigts des pick-pockets est telle, que Gavarni, cet intrépide observateur, qui connaît tous les endroits souterrains de Londres, ayant résolu un jour de se faire voler pour voir de quelle façon s'y prenait le voleur, mit quelques schellings dans la poche de son gilet et alla dans une taverne où il fut dévalisé au bout de dix minutes sans s'être aperçu de rien.

On m'a raconté un vol de lunettes d'or dont l'exécution est vraiment ingénieuse. Un monsieur est dans une foule ; un individu lui prend le bras droit comme par mégarde et lui adresse force excuses ; un autre lui prend le bras gauche de la même manière, et pendant qu'il est ainsi empêché, un troisième lui enlève délicatement ses lunettes, qui passent de main en main et disparaissent avec le voleur. Si l'on va se plaindre au bureau de police, on vous répond qu'il n'est qu'un seul moyen de retrouver l'objet volé, c'est de faire insérer dans le *Times* ou dans tout autre journal une annonce par laquelle on promet de remettre la valeur intrinsèque de l'objet à celui qui le rapportera ; mais dans ce cas, le voleur ne saurait être poursuivi. Comme il n'a pas été pris en flagrant délit, il est impunissable, et l'avis placé dans le *Times* n'est plus qu'une convention commerciale passée avec un inconnu.

Il n'existe pas à Londres de monts-de-piété : aussi le prêt sur gages est-il une des plus lucratives industries. Aucune police n'en surveille l'exercice. Le *pawn-broker* ne s'inquiète nullement de la nature de votre droit de propriété. Vous lui apportez un objet, il en examine la valeur, et si dans l'année vous ne payez ni capital ni intérêts, le nantissement lui appartient sans que vous puissiez réclamer de *plus-value*. Une foule d'individus s'occupent spécialement à *faire le foulard*, et la moisson est tellement abondante que la revente de ces foulards forme une branche de commerce très-importante, ainsi qu'on va le voir.

Tout près de Newgate, dans une petite ruelle donnant sur *Holborn-Hill* et nommée *Field-Lane*, ruelle interdite aux voitures, on ne voit absolument que des mouchoirs d'occasion (*second hand*). Les boutiques, en forme d'échoppes, ont leur étalage avançant sur la rue, où les foulards sont exposés. Ils pendent, attachés à une tringle, afin que les acheteurs puissent reconnaître les foulards qu'on leur aurait dérobés. Les marchands et les marchandes se tiennent sur la porte de leurs boutiques et se disputent les chalands qui viennent à la faveur de la nuit acheter à vil prix les vols de la journée. Cette ruelle était encombrée d'allants et de venants, et il régnait dans tous ces repaires du recel une activité qui n'est jamais troublée, à ce qu'il paraît, par l'intervention de la police. En Angleterre, on poursuit vigoureusement les crimes dont l'effet est de compromettre le crédit, comme le faux, ou la sécurité des personnes, comme le meurtre, l'incendie et le vol commis avec violence; mais quant aux auteurs de filouteries et d'escroqueries, ils ne sont guère arrêtés que dans le cas de flagrant délit. L'administration sent-elle l'impuissance des lois pour réprimer les vols nombreux qui résultent de l'état social, et ferme-t-elle les yeux sur le recel pour ne pas rencontrer trop de coupables? J'ai vu dans cette ruelle de Field-Lane de magnifiques foulards abandonnés à l'acheteur pour deux schellings et qui le matin avaient peut-être été vendus au prix de neuf schellings dans un magasin du Strand. J'ai pénétré dans plusieurs de ces boutiques immondes; dans toutes j'y. ai vu des créatures à demi-vêtues, la robe ouverte par-devant, et qui ne se contentent pas, si je dois m'en rapporter à leurs gestes, à leur mine et à leurs paroles, de l'honnête métier de recéleuses, la plupart de ces femmes sont juives. Quelques-unes au milieu de leur abjection réalisent cependant ce type de beauté méridionale plus estimée en Angleterre que partout ailleurs. Une de ces femmes cherchait à escroquer la montre d'un ami qui m'accompagnait, et elle lui disait en tâchant d'occuper son attention : *you have blue eyes, what a Frenchman are you? are you German?* (Vous avez des yeux bleus, quel Français êtes vous?) êtes vous Allemand? Celui-ci retint une main qui s'égarait vers la poche de son gilet et nous sortîmes. Dans la rue mon ami s'aperçut que l'habile recéleuse était parvenue malgré notre surveillance à lui voler une demi-livre. On m'a assuré que la plupart des honorables négociants de Field-Lane parviennent après dix ans de leur lucratif commerce à se retirer dans les frais cottages qui égaient les environs de Londres.

Maintenant, si vous parlez aux indigènes de ces *singularités* londoniennes, ils vous répondront qu'ils n'ont jamais vu de pareilles choses, qu'ils ignorent complétement ce qu'on veut leur dire, et que toutes ces imaginations sont inventées par les Frenchmen jaloux de la gloire et de la splendeur de la Grande-Bretagne. Ils vont plus loin encore, ils soutiennent que Londres est de toutes les villes celle où la misère est la moins grande, et que si l'on trouve à chaque pas des mendiants dans les rues, c'est que les mendiants aiment mieux importuner les passants que de vivre confortablement aux frais de leur paroisse. Du reste, ils sont si bien convaincus de la véracité de leur affirmation, qu'ils ne donnent jamais un penny à un pauvre. Ils se contentent de payer la taxe, et ils sont en règle. Les mendiants de Londres ne sollicitent en général que la pitié des étrangers, de ces Frenchmen qu'ils détestent cordialement, et qui refusent rarement quelque pence à leur indigence et à leur importunité.

J'ai dit que chez nos voisins le patriotisme a surtout pour base un sentiment de rivalité et l'esprit de domination. J'espère bien prouver aussi un jour ou l'autre que leur faste n'est autre chose que de l'ostentation. On sait l'histoire de ce banquier anglais qui avait recommandé son fils à un confrère de Paris. « Ouvrez-lui, écrivait-il, un crédit illimité. Cependant, prévenez-moi s'il fait trop de dépenses. » Au bout d'un mois, le banquier parisien crut devoir avertir le père du jeune homme que celui-ci avait déjà dépensé cent mille livres. « Si ce sont des livres anglaises, répondit le banquier de Londres, c'est assez pour un mois; mais si vous voulez parler seulement de vos méchantes petites livres françaises, donnez lui en tant qu'il voudra. » C'est beau, c'est grand, c'est sublime, si l'on veut; mais je vois percer dans la dernière ligne de ce billet toute la morgue du parvenu et toute l'ostentation du pharisien.

LETTRE HUITIÈME

Londres, 20 mai.

C'est l'opinion d'un assez grand nombre que le fait de l'exposition universelle de Londres ne modifiera en rien le caractère, les mœurs, les habitudes de nos voisins, et que lorsque l'océan d'étrangers dont les flots inondent en ce moment les rues et les places de la métropole anglaise se sera retiré, il ne restera qu'un peu plus d'or et d'argent dans les poches des habitants. L'insulaire, en effet, résiste de toutes ses forces à l'influence des usages qui lui viennent de l'autre côté du détroit, et si commercialement il est pour la pratique du libre échange, au point de vue moral, il est entièrement opposé à l'exportation continentale. C'est ce qui explique la physionomie propre et originale du peuple anglais, dans ce XIXe siècle où la plupart des autres nations ont un certain air de parenté.

Cependant, si je tiens compte des phénomènes qui se produisent depuis quelques jours dans ce monde privilégié qu'on nomme ici la *nobility* et la *gentry*, je dois supposer que l'irruption des Frenchmen laissera quelques traces, et que les vieux *us* britanniques recevront plus d'une atteinte. Croirait-on qu'à l'heure où j'écris, ces maisons de Londres protégées par des grilles, et qui ressemblent à des prisons en miniature, s'ouvrent aux visiteurs ! L'*home* est envahi, le sanctuaire est profané, des visages barbus se montrent pour la première fois dans ces splendides salons qui n'avaient vu jusqu'à ce jour que les blanches épaules des ladies et la figure mathématique des raides gentlemen. Est-ce une conversion subite? est-ce une amabilité avec préméditation? n'est-ce que de la curiosité? Je ne sais que répondre. Toujours est-il que baronnets, comtes, marquis et ducs semblent s'être donné le mot pour accabler les *strangers* de lettres d'invitations.

Le *stranger*, ordinairement si mal vu à Londres, est devenu tout à coup le lion de la saison. La barbe est accueillie avec le plus charmant sourire, et la moustache elle-même ne provoque plus de la part des jeunes miss l'exclamation malsonnante de *shocking*. Enfin, quel-

6.

que étrange que l'innovation puisse paraître au premier abord, l'aristocratie ne dédaigne pas d'inviter à ses *conversazioni* les feuilletonistes de la France et de l'Allemagne.

Pour qui connaît la position presque subalterne des journalistes en Angleterre, n'est-ce pas là toute une révolution? Ici les hommes de la presse ne comptent pas individuellement : on les paye et on les ignore. Dans ce singulier pays, où la liberté presque absolue fonctionne régulièrement à côté de la plus inexorable inégalité, il manque à la profession de journaliste le tyrannique contrôle de la *respectability*. En France, au contraire, où domine l'esprit d'égalité, mais où la liberté a tant à conquérir pour être au niveau de la liberté anglaise, tout homme vaut par lui-même, par son talent, par ses qualités, et quelquefois par ses défauts. Quand un journaliste s'appelle Thiers ou Marrast, il devient ministre ou président d'une grande assemblée. Chez nous, depuis l'établissement du gouvernement constitutionnel, le journalisme politique a été, en quelque sorte, l'antichambre du salon parlementaire. Il n'en est pas ainsi de ce côté de la Manche : on vit et on meurt journaliste, comme dans l'armée on vit et on meurt sous-officier. L'homme attaché à la presse est quelque chose comme un être délaissé; il n'appartient ni à la noblesse, ni au commerce, ni au peuple. Il est journaliste, c'est dire qu'il est très-rétribué et estimé médiocrement. Un salon aristocratique acceptera son opinion et subira le jugement qu'il porte sur les choses et sur les hommes, mais il n'accepte jamais sa personne. Cette anomalie se reproduit dans les détails de la vie anglaise.

Deux mots, en passant, du journalisme.

L'une des choses qui frappent l'étranger et surtout le Français après un séjour de quelques semaines en Angleterre, c'est l'organisation et l'influence très-limitée de la presse dans ce pays de liberté par excellence. Le tirage des journaux anglais est beaucoup plus restreint que celui des feuilles politiques françaises. De l'autre côté du détroit on compte plusieurs journaux qui n'ont pas loin de quarante mille souscripteurs. A Londres, le tirage moyen de chaque journal, le *Times* excepté, est de quatre à cinq mille exemplaires. Depuis le *Morning Herald*, organe du parti aristocratique, jusqu'au *Morning Chronicle*, et au *Daily-News*, représentants de l'opinion libérale, les feuilles quotidiennes de Londres ne s'adressent pas, en temps ordinaire, à plus de trente mille acheteurs pour la ville et pour les comtés. J'ai excepté le *Times*, et en effet le *Times*, pour conserver sa domination, ne se contente pas de balancer à lui seul la clientèle de tous ses confrères réunis, il la dépasse systématiquement et à tout prix. Son tirage quotidien excède de dix mille exemplaires le tirage général des autres journaux de la métropole. C'est à cette condition et encore à quelques autres qu'il a trois ou quatre fois par semaine des suppléments de quarante-huit colonnes d'annonces qu'il reste le *Times*, et qu'il peut dire sans trop de présomption : *Quia nominor Leo.*

Ce *Times* est peut-être la plus colossale machine de publicité qui existe dans l'univers. Il a des correspondants dans toutes les capitales d'Europe, d'Amérique, des Indes, et une dizaine de rédacteurs dont les émoluments annuels varient de soixante à cent mille francs. Chacun de ces écrivains est attaché à la collaboration du journal pour traiter une question spéciale. On m'a cité un publiciste qui s'était particulièrement adonné à l'étude des égouts : une question très-importante à Londres. Le *Times* l'avait accaparé moyennant une rétribution de quatre-vingt mille francs par an. Pendant deux ans ce publiciste parcourut l'Europe aux frais du journal, et alla étudier sur le continent tous les systèmes se rattachant à sa question. Dans le cours de ces deux années il n'écrivit pas une ligne, pas un mot ; il se contenta d'observer et de comparer ; puis un jour un projet de loi sur la voirie et la salubrité publique arrivant en délibération devant la chambre des communes, il se hâta de revenir à son poste, et traita dans une vingtaine d'articles la question avec tant de supériorité, qu'il dirigea en quelque sorte la discussion de la chambre. Le nom du publiciste continua à rester inconnu, mais le *Times* eut la gloire de doter son pays de toutes les améliorations que son collaborateur avait remarquées à l'étranger.

Quoi qu'il en soit, le journal anglais ne s'adresse qu'à un certain public, à un public aristocratique et bourgeois : le peuple ne le connaît pas. De là peut-être le ton toujours modéré de cette presse, qui dans sa plus vive opposition ne dépasse jamais de certaines limites. En Angleterre le journal le plus radical ne pourrait exciter les passions de la foule. Le voudrait-il, qu'il n'aurait aucune action sur les masses, comme on dit chez nous. Deux causes principales empêchent la presse quotidienne de pénétrer dans les classes populaires : le prix élevé du numéro (dix sous) et l'indifférence du peuple anglais en matière politique. Cette indifférence est si grande, que la plupart de ces honnêtes gens de Londres ne semblent même pas se douter qu'ils ont dans *Parliament street* une chambre des communes et que leurs législateurs se réunissent chaque nuit à Wesminster. Je demandai un jour à un gentleman que je connaissais de vouloir bien me dire quelle question devait être discutée le soir au parlement. Il me répondit d'un air flegmatique et peut-être avec l'arrière-pensée de donner une leçon à l'impatiente curiosité française : *I cannot tell you*, Sir, *that does not regard me* (Je ne puis vous le dire, Monsieur, cela ne me regarde pas). Le peuple anglais écrira bien sur les murailles de la cité avec un morceau de charbon : *No popery* (A bas le papisme)! Mais c'est là un cri religieux en même temps que politique. En somme, le journalisme anglais s'adresse exclusivement à la classe qui possède, et il ne pénétrera pas encore de sitôt très-probablement dans les couches inférieures de la société britannique.

Nous avons bien fait, dans tous les cas, nous autres feuilletonistes, qui voulons examiner de près l'engrenage de cette machine compliquée qui se nomme la société britannique, de venir à Londres pendant l'exposition. Il y a en ce moment une sorte de trêve de préjugés. Personne n'est dupe, s'il faut tout dire, de ce laisser-aller de circonstance; l'aristocratie ne jette pas sa morgue par-dessus les moulins, elle l'ajourne à six mois. C'est déjà quelque chose. Pendant ces six mois, que de traits à saisir! que de secrets à surprendre! que de perspectives où s'égarer! Et puis, d'ailleurs, qui nous assure que ces lords et ces gentlemen dont l'orgueil nous propose comme la perfection des relations sociales le despotisme de leurs conventions, ne subiront pas, en une certaine mesure, l'influence de ces étrangers qu'ils prétendent soumettre! Qui sait si le flegme britannique soutiendra, sans broncher, le choc de toutes ces nations, et si le continent ne posera pas enfin son sceau victorieux sur cette terre où luttent à forces égales la lumière et l'ombre, la barbarie et la civilisation.

L'Angleterre, nul ne l'ignore, a, au plus haut degré, la vertu de la lutte et de la persévérance. Elle combattra longtemps avant de se rendre, et déjà les puritains de ce pays, en présence de l'irruption qui commence, se préparent à vaincre, dans la crainte d'être vaincus. Je ne citerai qu'un exemple : Hier, à une table d'hôte, un ministre protestant auprès duquel le hasard m'avait placé, me disait : « Une société charitable vient de se former pour propager la Bible parmi les étrangers arrivés à Londres. Voulez-vous me donner votre adresse? j'aurai l'honneur de vous envoyer une Bible demain matin. » Et comme je me récriais sur cette prétention propagandiste, il ajouta tranquillement : « Vous n'avez entendu jusqu'à ce jour que la parole des hommes; il est temps que vous écoutiez la parole de Dieu. Je vous enverrai une Bible, et si vous la refusez, je vous la renverrai jusqu'à ce que vous l'acceptiez de guerre lasse. » Devant une semblable obstination un homme bien élevé n'avait qu'à s'incliner et à transporter la conversation sur un autre terrain. Je dois ajouter que j'avais obstinément refusé de donner mon adresse au révérend. Précaution inutile! le lendemain matin, je recevais une Bible magnifiquement reliée et qui, je le crains bien, ne me convertira pas à l'anglicanisme.

Mais je rentre dans le programme des fêtes données en l'honneur des nouveaux arrivants. Vendredi dernier, je me suis rencontré chez lord A... avec quelques-uns de mes confrères de la presse parisienne. Lord A... est sans contredit l'un des hommes les plus aimables et les plus avancés de son pays. « Vous nous avez jugés un peu sévèrement, me disait-il, mais vous n'avez peut-être pas tout à fait tort. Seulement, les défauts que vous reprochez à notre nation, je suis tenté, pour ma part, de les reprocher également à la vôtre. La haine du peuple anglais pour la France se retrouve dans le peuple français pour l'Angleterre. Et cela doit être ainsi, malheureusement, tant que les deux pays voudront absolument jouer, chacun de son côté, le premier rôle dans le monde. Les autres peuples de l'Europe se contentent d'être des peuples; nous voulons, nous, Anglais et vous Français, être le premier peuple. Nous ressemblons à deux ténors qui se disputeraient la suprématie devant le public; et ce qui m'étonne le plus dans tout ceci, c'est que l'Europe ne se moque pas de nous. » Le raisonnement de lord

A... ne manque pas d'une certaine justesse. La haine séculaire des deux nations ne peut, en effet, s'expliquer que par l'esprit de rivalité qui domine chez l'une et chez l'autre, et je me souvins alors de ce mot du plus spirituel Français de l'Allemagne, Henri Heine : « Quand j'étais à Londres, dit-il, dans ses récits de voyage, j'entendais toujours les Anglais faire l'éloge de l'Allemagne, et j'étais humilié. Il faut que l'Angleterre craigne bien peu les Allemands, pour leur accorder tant de louanges. »

Dans cette soirée, ou plutôt dans cette *conversazione*, comme on dit ici (la langue anglaise est une véritable langue macaronique), je pus facilement juger de la différence qui existe entre l'esprit du monde parisien et l'esprit de la société de Londres. A Paris, l'esprit est un don naturel ; toutes les Parisiennes semblent avoir eu pour marraine une fée bienfaisante, qui leur a donné en partage la grâce, l'élégance et une certaine connaissance superficielle. Elles sont si riches en naissant qu'elles ne se préoccupent nullement d'augmenter leur fortune ; elles la dépensent au contraire en menue monnaie dans ces conversations où quelques mots spirituellement accentués donnent tout de suite à la pensée un certain tour original. Ici, rien de tout cela. L'esprit anglais a besoin d'être défriché. Mais il faut se hâter d'ajouter qu'on défriche avec le plus grand soin ce terrain inculte et qu'on y sème le plus pur froment des connaissances littéraires et scientifiques. Ainsi, pas d'éclat dans l'expression, nulle coquetterie dans la tournure de la phrase, mais beaucoup de bon sens et de connaissances étendues, tel est le fond ordinaire de la conversation parmi les femmes. A Londres l'esprit s'apprend comme tout le reste. Ces jeunes miss si roses et si souriantes, elles connaissent l'histoire et la géographie comme un vieux professeur ; elles ont étudié la botanique, la physique et la chimie. Ces ladies dont les éblouissantes épaules se confondent avec le satin de leur robes vont, pour peu que vous les mettiez sur la voie, vous parler la langue de Cicéron et vous démontrer que vous avez perdu votre temps au collége. J'ai vu là une très-jeune femme d'une grande beauté qui savait le grec. En contemplant cette suave apparition, qui semblait sortir d'un nuage de dentelles et de fleurs, il n'était pas un d'entre nous qui ne fût tenté de s'écrier comme le personnage des *Femmes savantes* :

Ah! pour l'amour du grec, souffrez qu'on vous embrasse!

Nous sommes si peu habitués, nous autres Français, à l'application de cette éducation solide, que nous sommes tout de suite disposés à crier à la pédagogie et au *blue stocking*; il n'en est rien pourtant, le *bas-bleu* existe à Londres comme ailleurs, mais pas plus qu'à Paris ou qu'à Berlin. Les femmes de la société anglaise, il faut leur rendre cette justice, ne cherchent pas, au contraire, à étaler leurs connaissances. Elles ont l'esprit cultivé, et, à l'occasion, elles s'en servent, surtout quand elles causent avec des étrangers, parce qu'elles se sentent moins garrottées par les conventions qu'avec leurs gourmés compatriotes; mais, comme l'éducation est la même pour toutes, nulle ne peut songer à tirer vanité d'une intelligence acquise qui est également le partage des autres. De là cette simplicité charmante et en même temps cet intérêt soutenu qu'offre aux étrangers la conversation des femmes en Angleterre.

Les Françaises ont encore, de plus que les Anglaises, une élégance de manières et une grâce native qui se rencontrent surtout à Paris. Cependant il ne faudrait pas se maintenir dans cette erreur, généralement répandue chez nous, que les femmes de la Grande-Bretagne ressemblent toutes plus ou moins au type grotesque que la féconde imagination de nos vaudevillistes a immortalisé dans les *Anglaises pour rire*. Mlle Boisgonthier en milady n'est pas plus vraie que M. Levassor en gentleman. Si je ne craignais d'être accusé de partialité, je dirais que la femme complète est l'Anglaise qui a été élevée sur le continent. Elle réunit alors à l'amabilité, au naturel et à la désinvolture, ces qualités essentiellement parisiennes, les qualités solides de l'esprit anglais. Un grand nombre de femmes appartenant à l'aristocratie sont élevées en France; aussi, est-ce dans cette classe de la société britannique qu'on remarque le moins de préjugés à l'endroit des *Frenchmen* et de leur nation.

LETTRE NEUVIÈME.

Londres, 23 mai.

Il ne s'agit pas seulement de soirées ; les banquets vont leur train, un train d'enfer. On n'a jamais tant dîné qu'en ce moment dans cette bienheureuse ville de Londres. Ici, l'heure du dîner est l'heure solennelle ; c'est le moment consacré au repos, c'est même à peu près le seul repas de la journée ; aussi se prolonge-t-il ordinairement très avant dans la nuit. L'Anglais, tout entier à ses affaires, n'est pas assez riche de son temps pour consacrer une demi-heure à son déjeuner. Il avale deux tasses de thé le matin et court à la bourse ou partout où l'appelle l'amour du gain. A cinq heures il est libre, et c'est dans les tavernes ou dans les clubs qu'il fête, le verre en main, sa liberté.

Nous avons eu cette semaine le banquet des sculpteurs qui ont exposé, le banquet des commissaires, le banquet du club commercial et le banquet de la presse des deux mondes. C'est à Gore-House qu'a eu lieu ce repas monstre où un bœuf tout entier a été offert à l'admiration et à l'appétit des invités. A cinq heures, trois cents journalistes de tous les pays étaient réunis dans les vastes jardins de cette opulente demeure, où sont encore gravés sur la façade le chiffre et les armoiries de lady Blessington. Sur la pelouse du fond du jardin, s'élevait le four monumental dans lequel cuisait au gaz un des descendants du dieu Apis. Trente marmitons surveillaient la cuisson de cette pièce de résistance, et l'immortel Soyer, le pantagruélique cuisinier, commandait lui-même aux apprêts de ce festin digne des héros d'Homère. Quand on eût constaté que ce gigantesque rôti était cuit à point, il fut enlevé par une quinzaine de garçons et conduit triomphalement dans la salle du banquet au son de la musique, qui jouait l'air national *Rule Britannia*, et aux applaudissements des Anglais, dont l'enthousiasme éclatait naturellement à la vue de ce beefsteak cyclopéen.

A six heures et demie, chacun prit place autour d'une table circulaire splendidement dressée et surchargée de mets extravagants. Les échansons du *symposium* versaient alternativement les vins de France et de Portugal.

Au dessert, commença l'innombrable série de tostes, qui sont l'appendice indispensable de tout dîner anglais. Premier toste : A la reine d'Angleterre; applaudissements, musique et absorption générale de liquide. Second toste : Au prince Albert; musique, applaudissements et nouvelle rasade. Troisième toste : Au prince de Galles ; les verres continuent à s'emplir et à se vider. La reine ayant sept enfants, il était à craindre que l'on n'épuisât la cave de Soyer avec la série des rejetons dynastiques, mais Soyer coupa court à cette litanie royale et bachique en portant le quatrième toste à la famille royale.

J'avais la naïveté de croire que tout était terminé. Hélas! nous n'étions pas au bout. Les tostes particuliers, à Wellington, à la presse du Nord, à la presse du Midi, de l'Ouest et de l'Est, se mirent à défiler avec une telle rapidité que c'était tout au plus si, en faisant preuve de la plus étonnante activité, on avait le temps de remplir son verre et de le vider. A neuf heures, j'avais compté vingt-trois libations générales, et mon voisin m'assurait que nous n'étions qu'au début, et de fait les *speech* commencèrent en anglais, en allemand, en danois et en hollandais, sans compter un *speech* belge qui avait bien son prix, malgré son fumet de contrefaçon.

Tous ces discours inintelligibles reportaient mes souvenirs vers le congrès de la paix, où M. Elihu Buritt faisait, en anglais, une réponse à M. Emile de Girardin, qui lui avait adressé une demande en français.

Cependant, la France n'avait pas encore dit un mot, et les étrangers attendaient avec une vive impatience qu'elle prît la parole. On demandait, de toutes parts, et avec tous les accents, M. Jules Janin ; mais M. Janin avait fait défaut à l'invitation. Plus modeste que Cicéron, il s'était dérobé au triomphe. A son défaut, M. Achille Jubinal se leva et fit un discours pyrotechnique qui obtint le plus grand succès. Du reste, l'entente la plus cordiale régnait parmi toutes ces races et ces plumes diverses. Peut-être s'entendait-on d'autant mieux qu'on se comprenait moins ; l'harmonie des intelligences naissait de l'anarchie des dialectes. On m'a dit qu'à deux heures du matin les tostes et les speeches duraient encore.

On parle en ce moment d'un grand banquet que la presse anglaise veut offrir à la presse étrangère ; puis viendra après le banquet de la presse étrangère aux journalistes de la Grande-Bretagne. On voit que nous ne sommes pas au bout des festins, et, par les tostes qui les suivent, cette perspective n'a rien de rassurant pour des estomacs français, peu aguerris aux fumées du sherry et du porto.

La foule continue à se porter au palais de Cristal, et la recette moyenne de chaque journée, en dehors des billets de saisons, se monte à deux mille livres (cinquante mille francs). Les omnibus qui charrient les visiteurs ont baissé leur prix. Aujourd'hui on va de la banque à Hyde-Park pour trois pences. A partir du 21 de ce mois, le prix d'entrée ne sera plus que d'un schelling à certains jours, et l'on assure que le nombre des curieux triplera. La physionomie intérieure de la grande serre commerciale va nécessairement subir une modification. Jusqu'à ce jour le monde fashionable a eu seul le privilége de venir s'asseoir sur les banquettes du transept, qui est le salon où se réunissent les élégants et les merveilleuses. C'est surtout vers quatre heures que les équipages transportent à l'exposition la noble et brillante cohue, c'est le quart d'heure étincelant, tous les pianos chantent, toutes les harpes soupirent, toutes les orgues mugissent ; il faut avoir des oreilles anglaises pour supporter un pareil charivari. Trois ou quatre industriels ont le privilége d'attirer la foule oisive : d'abord un papetier anglais qui a exposé une machine à fabriquer des enveloppes de lettres dont les rouages fonctionnent depuis le matin jusqu'au soir ; en une seconde, la feuille de papier est taillée, pliée et gommée. Cet homme doit fabriquer cent mille enveloppes par jour; du reste, il les distribue au public avec une générosité qui n'est surpassée que par la magnificence d'un marchand de chocolat, lequel emploie son temps à faire des tablettes et des pastilles, et à offrir gratis ces produits aux dames et aux messieurs qui consentent à accepter l'adresse imprimée de sa maison.

Cette réclame à la vanille obtient le plus grand succès. Il y a aussi un fabricant d'aiguilles et d'épingles qui s'empresse de donner à tous les passants un échantillon de son industrie. Le *puff* n'a jamais été à pareille fête, et il faut dire que c'est surtout dans la partie réservée à l'exhibition anglaise qu'il prend ses coudées franches. Le piano à cent francs excite également la curiosité du *high life.* Ce bienheureux piano en bois de chêne, sur le clavier duquel tapotent en passant les doigts aristocratiques, apparaît aux insulaires comme la merveille des merveilles. On va même jusqu'à prétendre qu'un prix extraordinaire sera adjugé à ce meuble bruyant. Les paris sont ouverts, et l'on dit que des milliers de guinées sont déjà engagées. Quant à moi, je me demande ce que nous allons devenir le jour où le piano à cent francs va faire irruption sur le continent. Entendez-vous d'ici les artistes de la loge, de l'antichambre et du salon? Quel vacarme de romances! quel déluge de note à tous les étages! Le règne de l'arpége est décidément arrivé, Pianopolis s'étendra jusqu'au désert.

La France, qui n'était pas prête le jour de l'ouverture ; la France, qu'à la première vue, les autres nations avaient trop lestement traitée, reste, comme par le passé, la reine du goût et de la grâce ; de l'avis presque unanime, elle conserve décidément sa supériorité artistique. Il y a deux jours au plus que les soieries de Lyon sont exposées dans la montre, et ces magnifiques étoffes arrachent même aux rivaux des exclamations de surprise et d'admiration. De tous côtés, dans ces parages français de l'*Universal Exhibition*, éclatent l'or et l'argent ciselés, chatoient les satins et les velours ; le bronze dompté par l'artiste se dresse en candélabres élégants et revêt la forme des hommes et des animaux. Puis, ce ne sont que des dentelles, des guipures, des fleurs, de la gaze, des broderies, des fourrures, tous les festons et toutes les astragales de Scudéry.

Les Anglais, par amour-propre national, ne se prononcent pas encore en faveur de nos produits, mais ils font mieux, ils les achètent. Hier matin, la duchesse de Sutherland a fait des acquisitions considérables dans l'exposition française, ainsi que le duc de Northumberland. Le fait suivant donnera une idée de la fortune et du goût du noble duc. Il possède une des plus riches collections de tableaux de l'Europe, et il estime surtout ses toiles d'après le prix qu'il les a payées. Le duc de Northumberland a la prétention d'avoir non pas les peintures les plus belles, mais les plus chères. Cependant, comme le prix des œuvres d'art, quelle que soit leur perfection, est limité, l'intelligent millionnaire, désespéré de ne pouvoir trouver dans l'univers un tableau qui valût seulement un ou deux millions, a pris l'héroïque parti de faire magnifiquement encadrer dans son salon, au milieu des œuvres des maîtres, et à la place d'honneur, une *bank-note* de cent mille livres sterling (deux millions cinq cent mille francs). O Molière!

Cet amour du positif et de la valeur intrinsèque dans les œuvres d'art est général en Angleterre, le pays le moins artiste du globe malgré ses prétentions. J'ai eu occasion de causer avec des exposants; tous m'ont dit que la première question qui leur était adressée par les gentlemen était celle-ci : Combien entre-t-il d'or ou d'argent dans tel objet? Quant à la ciselure, quant à la perfection des détails, ils n'en parlent pas. Ici un lingot brut l'emporterait sur un lingot fouillé par le ciseau de Cellini, si le premier pesait deux onces de plus que le second. C'est ce qui explique la véritable fureur d'admiration qu'excite la vue du Ko-ni-or, ce gros morceau de diamant mal taillé qui jette moins de flammes que le

Régent, le grand Mogol et le Sanci. Ce que l'insulaire vient contempler dans le Ko-ni-or, ce sont les vingt-deux millions qu'il représente.

C'est demain que commencent les courses d'Epsom. Tous les *sportsmen*, tous les *stewards* du Jockey-club de New-Market font leurs préparatifs. Les courses d'York ont eu lieu la semaine dernière, et le Great-Northern raillway a transporté de Londres à la métropole du Nord de l'Angleterre deux cent mille voyageurs. Un nombre presque égal d'individus a payé un shelling pour s'asseoir dans le grand stand où sont les tribunes et les places gardées autour des limites de l'hippodrome. Plusieurs milliers ont donné une demi-couronne (3 fr. 2 sous) pour entrer dans l'enceinte réservée. Vingt-trois mille voitures publiques ou particulières, stage-coaches, mail-coaches, carriages, flies, cabs, ont été remisées, soit dans la ville, soit dans les environs, et dix-sept steam-boats ont transporté des visiteurs. Eh bien ! tout cela n'est rien, York n'est que la préface d'Epsom. Les courses d'Epsom sont la grande solennité de l'Angleterre et offrent le plus curieux et le plus étrange des spectacles. Je me dispose à faire comme tout le monde et à suivre la foule, je veux dire Londres tout entier, sur le plus célèbre turff de la Grande-Bretagne. Toutes les voitures publiques sont retenues depuis huit jours, et c'est avec la plus grande difficulté que je suis parvenu à trouver une place dans un omnibus qui me conduira, moi trentième, et me ramènera pour la modique somme de une livre sterling.

LETTRE DIXIÈME.

Londres, 27 mai.

Après sa très-gracieuse Majesté Victoria Ire, le personnage le plus admiré, le plus adulé et le plus renommé de la Grande-Bretagne, c'est le cheval. John Bull est encore plus fier de son pur sang que de son rosbif. Les grands *meetings* de la nation anglaise ont lieu à York, à Epsom, à New-Market et à Ascott, et tout ce que l'Angleterre compte de leaders et de femmes à la mode se fait une loi d'assister à ces solennités hippiques. Quand un étranger de distinction arrive en ce pays, l'honneur le plus grand que puisse lui faire un lord, c'est de lui ouvrir à deux battants les portes de ses écuries. A Constantinople, un fils du prophète ouvrirait à cet étranger la porte de son harem. Les chevaux, je parle des nobles combattants du sport, habitent des palais. Leur ratelier est en bois de palissandre, et leur mangeoire en marbre blanc. Un peuple de palefreniers est à leur service, et ils reçoivent chaque jour la visite des plus illustres personnages. Ici le cheval vaut plus que l'homme, et bien des gens, à la vue du luxe et des soins qui entourent le pur sang, doivent accuser le sort de ne les avoir pas fait naître quadrupèdes.

A Londres, le cheval de luxe jouit d'une telle *respectabilité* en sa qualité de *gentilhomme*, que les cochers croiraient déshonorer leurs chevaux s'ils les conduisaient dans des quartiers qui ne fussent pas fashionables. Il existe en ce moment deux théâtres italiens, le théâtre de Sa Majesté et celui de Covent-Garden. Ce dernier théâtre a l'irrémédiable inconvénient d'être situé près du marché aux fleurs et aux fruits; aussi est-il peu fréquenté par la nobility. Cependant, quand un lord, attiré par le talent de Mario et la voix de la Grisi, consent à abandonner, pour un soir, sa loge de Her-Majesty's-Theatre, il se rend en cab à Covent-Garden. Il veut bien s'encanailler de sa personne, mais, pour rien au monde, il ne compromettrait l'honneur de son attelage. Le premier pur sang historique a été *Incitatus*, ce cheval patricien dont Caligula, ce sportsman couronné, avait fait un consul.

On comprend quelle passion, quelle fureur, quelle rage doit exciter dans la ville de Londres et dans toute l'étendue des îles britanniques l'annonce d'un derby. Depuis huit jours il n'était plus question que d'Epsom. Epsom avait fait oublier l'exposition et ses merveilles. Les hommes-affiches qui sillonnent la ville depuis Piccadilly jusqu'à Blackwall portaient d'immenses pancartes sur lesquelles on lisait : *Great-Derby, Epsom races*. Toutes les voitures étaient prêtes, tous les omnibus étaient retenus ; les merveilleuses avaient dévalisé les magasins, car c'est un usage immémorial que toute femme à la mode doit inaugurer une nouvelle toilette au derby d'Epsom. Aussi, quand ce grand jour de mercredi 21 mai est arrivé, tout Londres était-il sur pied dès six heures du matin. Le ciel était gris, l'air humide et l'horizon menaçant. Mais ce jour-là, qu'il pleuve, qu'il vente, qu'il grêle ou qu'il neige, peu importe : on court au turff comme le soldat au champ de bataille. D'ailleurs l'Angleterre ne compte jamais sur son soleil pour donner des fêtes, et elle a bien raison. A huit heures, nous nous installons au nombre de trente-un (on aurait pu tenir seize à la rigueur sans être trop gênés) sur l'impériale d'un *carriage* traîné par quatre chevaux enrubannés et ornés de cocardes roses, et nous partons de Trafalgar-Square en compagnie de cinquante autres carriages et omnibus qui chargeaient en même temps que le nôtre.

Charing-Cross, une rue aussi large que le boulevard, est déjà encombrée, et la file des voitures est telle que nous restons un quart d'heure dans Parliament-Street, juste en face de White-Hall. Un Anglais profite de cette halte forcée pour me montrer la fenêtre à la hauteur de laquelle a été dressé l'échafaud de Charles Ier. Salut, sombre souvenir! Mais en ce moment un autre Anglais m'invite à admirer Westminster, dont les clochetons et les ogives se reflètent dans le miroir de la Tamise. Nous repartons enfin et nous sommes sur le quai. C'est de ce point que Londres apparaît dans toute sa splendeur monumentale. Les ponts, la Tour, la Cité, Saint-Paul, les mâts pavoisés des navires, tout cela resplendit quand le brouillard le permet, mais le brouillard ne le permet jamais. Au pont du Vauxhall, une foule de piétons est assemblée pour voir le défilé des équipages; toute voiture à quatre chevaux reçoit en passant les honneurs d'un hourra énergique, auquel on s'empresse de répondre en agitant les chapeaux en l'air. Sur tous les visages éclate une animation extraordinaire; on dirait que l'Angleterre court à un combat qui va décider des destinées de la patrie. Après le passage du pont, deux routes se présentent qui conduisent également à Epsom, et dans chacune trois files de voitures s'établissent aussitôt. A partir de cet instant, les chevaux impatients peuvent enfin prendre le galop ; les deux côtés du chemin sont bordés d'hommes, de femmes et d'enfants auxquels succèdent d'autres hommes, d'autres femmes, d'autres enfants. Nous parcourons ainsi un espace de trois milles, et si les maisons qui se pressent et s'entassent les unes sur les autres n'étaient plus blanches et plus souriantes que celles de Londres, on pourrait se croire dans une rue de Londres : c'est la ville des cottages, et cette ville-là vous la retrouvez tout autour de la métropole dans une circonscription de plusieurs lieues ; ces fraîches demeures semblent échappées d'une décoration d'opéra. Les plantes grimpent contre les murailles et encadrent les fenêtres dans des touffes de feuillages et de fleurs. On aperçoit en passant, attablée auprès de la croisée, toute la famille qui prend le thé : le père, la mère et des nuées de jeunes filles, visages riants, têtes blondes qui égaient le foyer. L'Angleterre gagne à être vue à la campagne. Chaque cottage est précédé d'une miniature de jardin ; dans ces jardinets se promènent des jeunes femmes en robes blanches, en écharpes roses ; malgré le froid et en dépit d'un ciel brumeux parsemé de nuages noirs, elles tiennent audessus de leur tête une ombrelle ouverte. Flatterie perdue adressée à un soleil apocryphe. Elles regardent passer les cavaliers et les voyageurs avec un sourire mélancolique. Hélas ! c'est qu'elles ne quitteront pas l'*home;* elles n'assisteront pas aux splendeurs du derby. Ces cottages des environs de Londres sont les Tiburs de la bourgeoisie. Ils sont généralement habités par des négociants, lesquels ont dans la Cité un office où ils passent la journée à gagner des millions et qu'ils se hâtent d'abandonner aussitôt après la fermeture de la bourse, pour aller respirer, à quelques milles, un air moins chargé de vapeurs, de charbon et de suie.

Mais pendant que je regarde et que je cause, les équipages se pressent sur la route. C'est un triple ruban d'attelages. Dans des calèches conduites à la Daumont, les ladies, paresseusement couchées, contemplent à travers le verre de leur lorgnon ce pittoresque spectacle d'omnibus et de malles-postes couronnés de grappes humaines. Les broughams, les flies, les cabs, les berlines roulent de conserve sans se heurter, pendant que les tandem, traînés par deux chevaux en flèche, glissent à travers cette forêt de voitures et disparaissaient dans un ouragan de poussière. Et pour veiller au maintien du bon ordre, pas d'escouades de sergents de ville comme chez nous, pas de gendarmes à cheval. De loin en loin on rencontre sur le bord de la route un policeman immobile, qui semble la statue de la loi en frac bleu. A moitié chemin, toutes les voitures publiques font halte à l'auberge de l'Ancre et de la Couronne. On descend, on se précipite dans la cour, où l'ale, le gin et le porter sont distribués, et chacun, avant de vider son verre, pousse trois hourras à la gloire du derby et de la vieille Angleterre (*to old England*). Sur les murailles de l'auberge est tracé en lettres majuscules le cri de guerre du moment : *No popery* (à bas le papisme), et des milliers de poitrines répètent *No popery!* Je lis aussi l'inscription suivante : *The pope and the french bayonets, for ever John Bull can't* (le pape et les baïonnettes françaises, John Bull ne les supportera jamais). Il n'y a rien à dire à cela : John Bull est parfaitement dans son droit en donnant carrière à son patriotisme; mais où John Bull a-t-il vu qu'il était menacé par les baïonnettes françaises? Un Anglais m'explique le sens de cette inscription, qui n'est, à ce qu'il paraît, qu'une protestation contre l'expédition et l'occupation du territoire romain par nos soldats. On remonte à l'assaut des voitures, on part, et au bout de quelques minutes, nous sommes enfin au beau milieu de la campagne. Des tapis verts émaillés de boutons d'or, des bouquets d'arbres plantés de distance en distance pour reposer la vue, des collines savamment accidentées, des vallons fleuris, et sur ces vastes pelouses, soignées et peignées comme le gazon de nos jardins, les grands bœufs qui paissent et les poulains qui bondissent; illuminez cette verte nature d'un tout petit rayon de soleil, et vous aurez le paysage de convention des peintres du XVIIIe siècle. On dirait que les campagnards de ces contrées ont copié nos toiles Pompadour. Wateau est le grand horticulteur et le grand silviculteur de l'Angleterre, de ce pays qui a transformé son sol rebelle en un immense jardin peuplé d'arbres, de fleurs, de gazon, et sillonné de petites rivières dont les rubans se déroulent à perte de vue et se tordent, serpents argentés, sur des nappes vertes et odorantes.

Voici le village d'Epsom, un village comme il ne s'en trouve qu'en Angleterre et à l'Opéra-Comique, des maisonnettes en bois dressées tout le long d'une rue garnie de larges trottoirs. Les villageoises ont des robes de soie, des chapeaux à plumes et des bottines en satin turc. Les villageois offrent un spécimen du parfait notaire. C'est au village d'Epsom que s'arrête le rail-way. A dix heures il a déjà transporté pour sa part trente et quelques mille voyageurs. Nos chevaux, excités par le bruit des locomotives, redoublent d'ardeur, et leur sabot fait jaillir des étincelles en guise d'épigrammes; les gens qui sont venus par le chemin de fer ont encore deux milles à parcourir pour arriver à l'hippodrome. Quant à nous, rien qu'un coup de fouet, et nous sommes dans les plaines de l'Elide.

Tout le monde a vu, étalées dans la vitrine des marchands d'estampes, ces gravures babyloniennes de Martinn, où de petits points noirs habilement groupés représentent des émigrations de peuples; l'aspect de ce gigantesque amphithéâtre d'Epsom, où sont entassés des hommes, des femmes, des enfants, des chevaux, des voitures, une foule sans limites, *omnia pontus*, le crayon de Martinn seul pourrait le reproduire. De tous les côtés, au nord, au midi, à l'est, à l'ouest, sur la colline, dans la vallée, aussi loin que peut s'étendre le regard de l'aigle, la foule, toujours la foule. Les collines ont dépouillé leur robe verte, et elles apparaissent dans le lointain comme des masses noires; la vallée est submergée par un océan dont les flots sont des têtes. Grimpez sur l'impériale de votre carriage, hissez-vous sur la pointe des pieds, tâchez de découvrir un nouvel horizon, et au bout de cet horizon vous apercevrez encore une ligne d'habits noirs, de chevaux et d'équipages. Ce cirque cyclopéen, dans lequel se pressent des centaines de mille d'individus, donne une idée de cette vallée de Josaphat où se trouveront réunies, au dernier jour du monde, les générations des générations. Quiconque n'a pas vu ce grandiose meeting, cette cohue sans pareille, ce tohu-bohu sans nom, ne peut se figurer l'effet imposant que produit cette masse d'êtres qui grouille dans un espace quatre fois plus vaste que le Champ-de-Mars. Cela ébahit, exalte, épouvante ; au bout de trois minutes, j'avais le vertige.

Des baraques en bois que l'on nomme des *booth*, ornées de l'écusson de Saint-Georges et surmontées de l'étendard britannique, bordent le plateau dans toute sa circonférence ; au centre est le grand stand où se tiennent les *gentlemen ridders* et les fanatiques du derby. L'entrée du grand stand est de cinq schellings. Un des côtés du plateau est réservé aux omnibus, aux carriages, et en général aux voitures publiques. Sur le versant opposé sont rangés les équipages de maîtres. Chaque voiture paye une livre d'entrée dans le premier compartiment et deux livres dans le second ; mais le piéton, toujours privilégié en Angleterre, n'a pas un penny à débourser pour circuler dans toutes les parties de l'hippodrome. C'est le cheval qui fait les honneurs du turff, lui seul paie. Tous les lords, toutes les ladies, toute l'aristocratie des trois royaumes, attend le signal des courses. J'aperçois au milieu d'un groupe de *sportsmen* M. le duc de Nemours accompagné de M. Paul Daru ; à quelques pas, se promène, un stick à la main, et en toilette irréprochable, Sa Grâce sexagénaire le vicomte

Palmerston. Il a abandonné le foreign-office pour venir jeter un regard mélancolique sur le premier théâtre de ses exploits. *Dulces reminiscitur Argos.* Cependant la trompette sonne, voici le signal ; aussitôt chacun se précipite vers l'impériale des voitures, et les femmes elles-mêmes ne reculent pas devant cet assaut hasardeux, Mais il ne s'agit que d'une petite course de quatre chevaux, et c'est tout au plus s'il y a cent mille livres engagées sur ces coureurs préliminaires. On se réserve pour la grande course des trente-deux pur sang, parmi lesquels on compte dix *favoris*. Quelque incroyable que puisse nous paraître ce fait, à nous peuple continental, qui ne comprenons pas cette bourse du derby où se font et s'engloutissent les fortunes, chacun de ces *favoris* représente au moins un demi-million sterling de paris (douze millions cinq cent mille francs). L'intervalle qui sépare la petite course de la grande est consacré au dîner : c'est l'heure pittoresque ; la table se dresse dans les calèches ; chaque impériale d'omnibus se transforme en salle à manger. Le sherry, le porto, et surtout le champagne, coulent à flots. Le vin de Champagne est obligatoire ce jour-là, et l'on porte à deux cent mille le nombre des bouteilles qui vont être vidées en l'honneur des victorieux. Je dois ajouter que jamais encore je n'avais vu boire avec un pareil enthousiasme ; hommes, femmes, enfants, tout le monde fait son devoir. L'Angleterre est une grande nation !

Dans la partie réservée au *high life*, tout se passe de la même façon ; seulement, la nappe est plus blanche, le service plus splendide. Des domestiques en grande livrée, poudrés et enrubannés, servent leurs maîtres dans de la vaisselle plate. A cette solennité, le luxe met toutes voiles dehors ; il faut bien que les mendiants qui rôdent autour des équipages comme des chiens qui attendent un os, puissent contempler une fois dans l'année cet amas de richesses, ces coupes festonnées, ces couvercles ciselés, ces surtouts armoriés, ces montagnes d'assiettes d'or et d'argent. Quand la fashion aura dîné, elle fera jeter par ses valets la desserte de son repas aux affamés. Il faut voir aussi quels sinistres regards lancent en passant les troupes de bohémiens et de bohémiennes, ces éperviers qui se montrent par bandes dans toutes les fêtes de la Grande-Bretagne. Dans ces gypsies, qui portent sur la tête une torsade en calicot rouge, et dont quelques-unes sont remarquablement belles, vous ne retrouverez plus la poétique création de Gœthe. Mignon ne regrette plus les citronniers de la patrie ; elle vole les montres et les bourses sous le prétexte de dire la bonne aventure. Le soir, quand le turff sera désert, elle ne dansera pas sur la pointe du gazon, au clair de la lune, mais elle fouillera chaque brin d'herbe, dans l'espoir de trouver quelque schelling égaré, quelque débris de vaisselle oublié dans l'emballage.

> Connais-tu la contrée où, sous les verts ombrages,
> Brille comme un fruit d'or le fruit des orangers?

— Que me font vos orangers? répondra la fille du soleil ; les fruits d'or, ce sont les guinées. Je suis sans affections, sans enthousiasme et sans patrie, et si je parais à vos fêtes, c'est que j'y suis attirée par l'appât du vol, comme le corbeau par l'odeur du cadavre.

Cependant, sur un signe des policemen, la foule qui encombrait le turff est rentrée dans ses limites ; les trente-deux pur sang, montés par les jockeis à casaques et à toques bariolées, paraissent dans la lice ; une animation extraordinaire resplendit sur tous les visages ; l'anxiété se reflète même sur les traits de ces ladies qui étaient toutes au champagne quelques instants auparavant : c'est qu'elles-mêmes sont engagées dans des paris considérables. On me montre parmi les concurrents qui vont disputer la couronne olympique, *Lamartine* et *Louis-Napoléon*. Un Anglais placé sur l'*obside* d'un carriage voisin du nôtre me demande si je veux parier pour *Louis-Napoléon*. Sur mon refus, il me dit : « Vous n'avez donc pas confiance dans le succès de Louis-Napoléon? » Et tous ces compatriotes de rire à gorge déployée de ce bon mot, qui passe pour une des plus fines plaisanteries de la journée. Mais les hourras retentissent de chaque côté de la haie des spectateurs. Voici Teddington, le favori des favoris, le roi, l'empereur du derby.

Des spéculateurs ont une telle foi dans son triomphe, qu'ils ont fait imprimer son portrait sur cent mille foulards qui seront vendus chacun dix schellings s'il est vainqueur. Si, au contraire, il est vaincu, tous les exemplaires réunis ne vaudront pas six pences. C'est encore une manière d'engager un pari. Le propriétaire de Teddington, sir Henry Hawley, a hasardé pour sa part cent mille livres (deux millions cinq cent mille francs) sur les jambes de son coureur. Que la sagesse des nations viennent nous dire, après cela, que l'argent ne se trouve pas sous le pied d'un cheval! Depuis huit jours, dans tous les clubs de Londres, de Dublin, d'Edimbourg, de Manchester, de Liverpool, dans tous les public houses de la métropole et des capitales de comtés, des paris dans la proportion de un contre cinq ont été tenus en faveur de Teddington. Dans cette dernière minute qui précède le départ, les paris sont doublés, triplés, quadruplés; des millionnaires jettent toute leur fortune sur ce coup de dé. Les trente-deux coureurs sont en ligne ; combien sont opulents, enviés, admirés, parmi ces impassibles *gentlemen* qui, dans trois minutes, ne possèderont plus un schelling ! En attendant l'arrêt du destin, un dernier verre d'aï aux dieux inconnus, le coup de l'étrier de la fortune.

Sur un signe, l'escadron s'ébranle, et le turff palpite comme la foule. Un hourra formidable, échappé de deux cent mille poitrines, déchire l'air et salue le départ. Tous ces chevaux, pressés les uns contre les autres, glissent avec une telle rapidité qu'ils semblent à l'horizon un train de chemin de fer. Teddington suit quatrième ; il s'est laissé couper par trois rivaux. Puis, pendant cinq secondes qui pèsent comme un siècle, tout l'escadron disparaît derrière un monticule. Mais voici les casaques rouges, bleues, blanches, vertes, jaunes, qui pointent dans le lointain. *Hourra !* Teddington est second, et nous ne sommes qu'à la moitié de la course. Dans cet instant solennel, tout fait silence. Ces deux cent mille spectateurs sont autant de statues. On n'entend que le hop! hop! des jockeis et le bruit du tourbillon. *All'right* (tout est bien), comme on dit ici. Les trente-deux coursiers passent devant nous comme trente-deux éclairs. En un clin d'œil ils sont au poteau. Sir Henry Hawley a gagné ses deux millions cinq cent mille francs, et le marchand de foulards ses cinquante mille écus. Teddington est vainqueur ! J'ai bien fait de ne pas tenir pour *Louis-Napoléon*. Il arrive dernier. *All' right*.

Vous croyez que tout est terminé; c'est alors que tout commence. Des volées de pigeons sont aussitôt lancées dans l'air ; des milliers de courriers sont expédiés dans toutes les directions. Ces pigeons vont annoncer la victoire de Teddington dans toutes les villes des trois royaumes et jusqu'à Bruxelles ; ces courriers sont attendus dans tous les endroits où ne fonctionne pas encore la télégraphie électrique. Une presse, placée au milieu de l'amphithéâtre, imprime des milliers de bulletins qui sont vendus, moyennant six pences, par des *boys*, lesquels se répandent dans toute l'étendue du *meeting* en poussant des cris de cormorans effarouchés. Le bouchon des bouteilles de champagne recommence à sauter, les verres s'emplissent et se vident pour s'emplir et se vider encore, et le triomphateur Teddington est amené en face du grand stand, devant les gentlemen ridders, qui se découvrent et saluent. Hommage d'autant plus grand qu'il est moins prodigué. En Angleterre, on n'ôte pas son chapeau même devant les femmes; cet honneur n'est accordé qu'aux chevaux.

Je suis persuadé qu'à part les étrangers, il n'y avait

pas dix personnes sur cet immense terrain qui ne fussent intéressées dans cette course. Les gens du peuple parient comme les lords; toute la différence est dans la valeur du pari. J'ai été témoin d'un fait qui prouve combien est profondément enracinée dans le caractère national cette fureur de risquer des sommes exorbitantes. Un jeune gentleman que j'avais rencontré dans une des grandes librairies de Saint-James street, chez Sam, me dit, quelques instants avant la course, qu'il voudrait bien hasarder quelques guinées en faveur de Teddington, mais que tout le monde étant engagé, il ne pouvait parvenir à trouver un *tenant*. Au moment où il me parlait, passait un des rois du sport, lord Spencer, à qui il fit part de sa mésaventure, et qui lui répondit : « J'ai votre homme, attendez quelques instants. » En effet, cinq minutes n'étaient pas écoulées que se présentait, de la part de lord Spencer, un homme assez mal vêtu et dont les formes rudes et le langage grossier annonçaient un ouvrier anglais. C'était un maçon. Le gentleman lui proposa un pari de quarante livres, mais le maçon répondit avec dédain : « Ce n'était pas la peine de me déranger pour si peu; je ne parie pas moins de cinq cents livres, » et il s'en alla. On m'apprit alors que ce maçon était le représentant de tous ses camarades, qui avaient fourni chacun quelques schellings pour constituer une somme dont le chiffre se montait à trois mille livres sterling (soixante-quinze mille francs). Il en est de même pour les autres corporations d'ouvriers ; toutes ont leur représentant sur le turff, et elles s'entendent pour lutter contre les lords. L'année dernière, les corporations avaient réalisé un gain considérable, mais elles ont eu le dessous au derby de cette année. On m'a cité un membre du club de New-Market, M. Davis, autant que ma mémoire est fidèle, qui a perdu pour son compte soixante-quinze mille livres : et, chose inadmissible au premier abord, des gens très au courant du sport m'ont affirmé que le déplacement monétaire qui se faisait chaque année aux courses d'Epsom pouvait être raisonnablement évalué à trois cents millions de francs. Quelques-uns poussaient leur évaluation jusqu'à un demi-milliard.

Évidemment les courses anglaises sont le résultat d'une sorte de pléthore de guinées. Il existe en ce pays des gens si riches qu'ils ont besoin pour se sentir vivre d'éprouver les fortes émotions de la perte ou du gain. Au fond de toutes ces folies, cependant, il y a un but sérieux. Je n'ai pas, pour ma part, une admiration excessive pour le cheval anglais, ce cheval factice, aux jambes grêles, au corps allongé, fabriqué par la main de l'homme et qui ressemble à un grand lévrier, mais l'Angleterre le voit d'un œil plus favorable, et, d'ailleurs, il est incontestablement le premier coureur de l'univers. Ces courses, pour lesquelles on déploie tant de pompe et de magnificence, ont excité l'émulation des éleveurs, et cette émulation se répandant de proche en proche, a gagné les propriétaires de bestiaux et profité à l'agriculture. On peut dire que le peuple anglais a tout refait dans son pays, en commençant par le sol. Dieu lui avait donné un bœuf étique, il en a fait le roi des pâturages européens. Ainsi pour les autres bestiaux, qui sont superbes et innombrables. L'Angleterre est le pays où la consommation de la viande est la plus grande, et où cette viande, de qualité excellente, se vend à meilleur marché. Si nous mettons de côté les paris et les autres excentricités du turff britannique, il faut reconnaître que nos courses du Champ-de-Mars et de Chantilly ne sont que de misérables contrefaçons. En France, on est sportsman par ton, ici par croyance. Chez nous, l'hippodrome est une mode ; chez nos voisins, c'est un devoir et une passion. L'amour du cheval, pour tout dire, est une des religions de l'Angleterre.

A six heures du soir, les courses de cette grande journée étaient terminées. Aussitôt les chevaux sont amenés et attelés. Les cavaliers partent les premiers pour n'être pas arrêtés par l'encombrement des carriages. Cette précaution n'est pas inutile. Toutes ces voitures s'ébranlant à la même minute, dans la même direction, sont forcées de stationner des heures entières. Trois rubans s'établissent, et l'on ne peut aller qu'au pas. Des voyageurs d'un carriage passent tranquillement sur l'impériale d'un omnibus voisin, au risque de se rompre le cou. On se fait des visites d'une voiture à une autre voiture. Mais on a bu beaucoup dans la journée, et en Angleterre comme ailleurs, il y a un Dieu pour les gens qui ont fêté la vigne. On compte deux sortes d'ivresses de ce côté de la Manche : l'ivresse causée par l'ale, le porter, les liqueurs fermentées, et l'ivresse qui résulte de l'absorption des vins de France. La première est taciturne, la seconde gaie et bruyante. Or, ce sont, on se le rappelle, les coteaux d'Aï et d'Épernay qui ont fait presque tous les frais de la journée. Aussi la gaîté est-elle communicative. On chante, on cause, on se livre à des plaisanteries qui doivent être d'excellent aloi, si j'en juge par les gros rires qu'elles provoquent de toutes parts. Les *Frenchmen* servent de point de mire aux traits des loustics. « Monsieur le Français, avez-vous perdu beaucoup d'argent au derby ? » Et tout le monde d'éclater. D'autres, qui n'ont pas encore pénétré aussi avant dans les arcanes de notre langue, se contentent de nous dire en passant, avec l'accent que vous savez :

« Bonjour, monsieur le Français, comment vous portez-vous? » Et les rires recommencent de plus belle. Des gentlemen qui, le matin, étaient graves comme des procureurs au Châtelet, ont troué leur chapeau pour y planter au sommet des poupées à ressort et des coqs en pain d'épices. Grattez le gentleman, vous trouverez Falstaff. Le coq en pain d'épices est un produit particulier du terroir, il est au derby d'Epsom ce qu'était autrefois le mirliton à la fête de Saint-Cloud. Toutes les faces sont illuminées, tous les yeux brillent comme des escarboucles. L'Angleterre est gaie, l'Angleterre est heureuse, l'Angleterre se demande s'il y a un spleen au monde, et il n'a fallu que deux cent mille bouteilles de vin de Champagne pour opérer ce prodige!

Des femmes passent dans des calèches conduites à la Daumont, et de l'impériale des omnibus on leur jette de la farine. Je suppose qu'elles vont se fâcher; au contraire, elles prennent part à l'hilarité générale et ripostent par des quolibets. Il est dix heures, et nous sommes à peine à la moitié du chemin; nous avons mis quatre heures pour faire trois lieues. Mais les carriages, les cabs, les tandem, les flies, les malles-postes, les calèches elles-mêmes ont une soif de damnés, et l'on s'arrête à toutes les tavernes. La joie va *crescendo*, comme la soif. Tous ces gens qui avaient quitté le turff avec des habits noirs ont maintenant des paletots blancs. Cette métamorphose est causée par les nuages de farine qui pleuvent de tous les côtés. Se jeter réciproquement des poignées de farine et même de poussière quand la farine vient à manquer, c'est le comble de la gaîté anglaise. Les cochers ronflent sur leur siége comme des toupies. Dans toute cette foule les seuls êtres raisonnables ce sont les chevaux. Enfin, après six heures de cris, de contorsions, de rires, de chansons et de hourras modulés sur tous les tons, nous entrons dans Londres. Tel est, en résumé, le spectacle de cette journée qui commence comme une procession et qui finit comme une descente de la Courtille.

En France, le gouvernement se serait cru obligé de déployer tout le luxe de sa force armée pour veiller au bon ordre ; tous ses escadrons de gendarmes, toutes ses escouades de sergents de ville ne lui auraient pas suffi : il aurait encore échelonné des piquets de troupes de ligne sur la route. A cette solennité d'Epsom, il n'y avait pas cinquante policemen et l'on n'a pas eu un accident à déplorer.

LETTRE ONZIÈME.

Londres, 3 juin.

Je parlais l'autre jour des courses d'Epsom. Il s'agit aujourd'hui d'une autre course, d'une course dont le turff est la Tamise. Teddington se repose sur sa litière triomphale, et les sportsmen de la veille, transformés en marins, se préparent à un derby nautique. L'Angleterre a un coureur plus rapide encore que le cheval, c'est le vaisseau. Lord Londesborough, amiral de la flottille des yachts de plaisance, avait invité un assez grand nombre d'étrangers à cette aristocratique naumachie. A huit heures du matin, nous nous embarquons au pont de Londres sur un bateau à vapeur, le *Ruby*, qui va nous conduire à Gravesend, où est mouillée la flottille. De là nous monterons sur un yacht qui descendra le fleuve jusqu'à son embouchure. Le steamboat part comme une flèche et glisse à travers les mille embarcations qui montent et qui descendent cette grande rue de Londres appelée la Tamise. En quelques tours de roues, nous sommes devant les docks, une ville dans une ville. Trente mille ouvriers sont occupés chaque jour à charger et à décharger les vaisseaux, une forêt de mâts qui s'étend jusqu'à Greenwich. Greenwich est le rendez-vous de la population dominicale. C'est le Saint-Cloud de Londres. En face est Blackwall, autre *buen retiro* dont les maisons semblent peintes à la suie. Les rues de Blackwall sont littéralement macadamisées avec de la poussière de charbon de terre. Bientôt nous apercevons les yachts pavoisés, et nous abandonnons le bateau à vapeur. Nous sommes à Gravesend, une petite ville italienne transportée du royaume de Naples sur le bord du fleuve britannique.

La flottille est composée de quinze yachts qui lèvent l'ancre et s'élancent comme des hirondelles à la suite du yacht amiral le *Musquitto*. Je ne sais s'il existe dans les quatre parties du monde un salon plus somptueux que les cabines de ces coquettes embarcations : des escaliers en palissandre, des tables et des étagères en bois de rose, des fauteuils sculptés, des divans recouverts en satin, des glaces dans toutes les encoignures, des tableaux de prix, l'or et l'argent ciselés et festonnés, tout ce que l'imagination peut rêver de plus fastueux, le boudoir d'une favorite. On me fait passer dans une cabine attenante à celle que je viens de visiter. C'est la bibliothèque. Elle se compose d'environ douze cents volumes, chiffre raisonnable et plus que suffisant pour charmer les ennuis d'une traversée. Je remarque que les ouvrages français dominent dans les rayons. George Sand, Lamartine, Victor Hugo, Sainte-Beuve, Jules Janin, Alphonse Karr, Alfred de Musset, Scribe, Alexandre Dumas, Théophile Gautier, la plupart de nos écrivains modernes naviguent de conserve et vont assister avec nous aux régates du *Royal Thames yacht club*. Je vois dans un rayon supérieur un exemplaire magnifiquement relié du *Voyage en Orient*, de Gérard de Nerval, ce Sterne français. M. Paul de Kock brille par son absence, phénomène assez rare, car c'est encore lui qui a le glorieux privilége d'initier la belle société de Londres aux délicatesses de notre langue. Un libraire français, établi depuis dix ans en Angleterre, m'a assuré que les plus grandes dames, après avoir parcouru les livres de nos écrivains littéraires, revenaient avec une constance obstinée et une curiosité toujours nouvelle à l'auteur de *Monsieur Dupont* et de tant d'autres chefs-d'œuvre. Comment s'y seront prises ces sectatrices du *cant* pour demander, dans les librairies, ce livre de M. Paul de Kock dont le titre audacieux effarouchait, à bon droit la pudeur des lectrices parisiennes? Le stratagème mis en œuvre par les ladies pour se procurer ce bienheureux ouvrage serait d'autant plus intéressant à connaître, qu'il est encore aujourd'hui certains poëmes de lord Byron qu'une femme n'avoue pas avoir lus. A l'heure qu'il est, Lord Byron est encore à l'index dans son pays. Parmi les nombreuses irrévérences que j'ai eu le malheur de commettre, il en est une qui dépasse de beaucoup toutes les autres. Je pris un jour la liberté de parler à une dame du poëme de *Don Juan*, en homme très-convaincu qu'elle connaissait cette œuvre du plus illustre poëte de la Grande-Bretagne. Mais je vis avec stupéfaction le visage de mon interlocutrice se couvrir d'une subite rougeur. Je venais de la forcer de s'abriter derrière le sempiternel bastion de la pudeur britannique, l'éventail. Enfin, lorsque se furent écoulées les quelques secondes consacrées à la honte par le despotisme des convenances, elle voulut bien reprendre sa figure souriante et me dire qu'elle me pardonnait parce que j'étais un barbare (*stranger*) ; mais que jamais un gentleman ne se serait permis d'avoir d'elle une telle opinion. *Barbarus hic ego sum.*

J'avoue que, malgré la remontrance, je ne me laissai pas prendre à cette charmante hypocrisie. J'osai regarder mon interlocutrice en face et je pris la liberté de lui dire : « Il est bien convenu que pas une dame d'Angleterre ne connaît Byron ; mais, entre nous, l'avez-vous lu? La dame se mit à rire et me répondit en recourant encore une fois à l'éventail : *How curious those French are!* que ces Français sont donc curieux!

Je demande pardon de la digression, et nous remontons sur le pont du yacht, non sans avoir préalablement accepté un toste à la prospérité de la France, toste auquel nous répondons par une rasade de porto à la gloire de l'Angleterre, procédé de gens qui savent vivre, politesse sans conséquence de part et d'autre. Il y a une demi-heure au plus que nous avons appareillé, et déjà Londres disparaît dans le brouillard, ses villas, ses cottages, ses palais et ses masures. La flottille glisse sur la pointe des vagues et dépasse les gros steamers ; les arbres, les champs, les vallées, les collines fuient derrière nous comme emportés par une rafale ; la nature entière a le mors aux dents. Les matelots des yachts sont des lords d'Angleterre, d'Ecosse et d'Irlande, marins fashionables, en souliers vernis et en gants paille, qui connaissent la manœuvre comme de vieux loups de mer. Sur le pont du yacht amiral nous apercevons des dames qui se promènent, parmi lesquelles, la comtesse d'Essex et la marquise de Norfolk. Lady Paulet, une des merveilleuses du *high life*, est à bord du yacht de lord Paulet.

Lorsque nous serons arrivés à l'embouchure du fleuve, si quelqu'un a le mal de mer, tenez pour certain que ce ne sera aucune de ces blondes et frêles ladies. Elles ont déjà sillonné tous les océans, il n'est pas de parages qui n'aient reçu leur visite. La patrie de l'Anglais et de l'Anglaise est partout où il y a une goutte d'eau. Quand un lord sent l'approche de cet invisible ennemi qui s'appelle le spleen, il abandonne son château ou son palais, et se confie au coursier à la crinière d'écume. Les trois ou quatre hommes d'équipage vivent toujours à bord, occupés à cirer et à frotter le pont, qui brille comme un miroir. Où veut aller sa seigneurie? demande le pilote ; — à Naples, à Athènes, à Pétersbourg, à Constantinople? Et aussitôt le yacht bondit sous le gouvernail comme le cheval sous l'éperon. Dans l'espace de quelques mois, le propriétaire de la frêle embarcation a touché barre aux quatre coins de l'Europe. Où qu'il aille, il dort sous le pavillon de sa patrie. Il emmène sa famille, ses domestiques, ses cuisiniers dans son palais flottant, un palais qui ne coûte guère que cinquante mille écus d'entretien. On comprend cet orgueil de la nation britannique qui voit l'Angleterre partout où l'océan promène ses vagues sous le soleil ; ce que l'on comprend moins, c'est que ce peuple pérégrinateur reste immobilisé dans ses idées, dans ses mœurs et cuirassé dans ses préjugés. Comme il en est parti, il revient à son nid battu par les flots. On dirait que l'Anglais passe à travers les nations enveloppé dans un manteau de caoutchouc.

Après quatre heures de marche, nous sommes arrivés à Érith, point de départ de la course. Aussitôt les canots qui doivent concourir sont divisés en trois classes. Pour chacune de ces classes il y a un prix consistant pour la première en une magnifique Neptune en argent acheté chez Mortimer. Le commodore lord Alfred Paget, monté sur le tambour d'un steamer, donne le signal du départ. L'artillerie et les hourras retentissent. *Musquitto*, à lord Londesborough, a une grande avance sur son concurrent *Cynthia*. Tout le monde tient pour *Musquitto*, qui vient de tourner premier le phare du Nore-Light, limite de la course en bas de la rivière ; mais tout à coup le vent s'abat et la voile de *Musquitto* tombe et pend le long du mât comme l'aile d'un oiseau blessé. *Cynthia*, à John Wiks esquire, gagne sur son rival et arrive premier. Les prix de la seconde et de la troisième course ont été gagnés par *Mazeppa* et *Wisper*. C'est lord Paget qui a distribué les prix au son de l'artillerie et de la musique militaire.

Ces régates avaient attiré une foule considérable. Parmi les personnages marquants, on citait le marquis de Londonderry, le marquis d'Anglesea, ainsi que beaucoup d'autres gentlemen et ladies dont j'ai oublié le titre et le nom.

A six heures du soir, nous étions de retour à Londres, où lord Londesborough avait fait préparer un dîner pour tous les invités, lesquels se sont donné, en se séparant, rendez-vous aux courses d'Ascott, qui auront lieu jeudi prochain.

Il faut bien que je parle maintenant de la grande solennité de samedi dernier. C'était l'anniversaire de la naissance de la reine. A dix heures du matin, le prince Albert, accompagné du duc de Saxe-Cobourg, du duc de Wellington et du marquis d'Anglesea, passait la revue des gardes du corps et des horse-guards dans Saint-James-Park, pendant que la revue des autres troupes avait lieu à Woolwich. A midi commençait l'interminable cérémonie du drawing-room au palais Saint-James. La nobility avait mis dehors tout son or, toutes ses fleurs, toutes ses plumes, tous ses diamants, pour frapper les étrangers d'admiration. Jamais encore, disait-on autour de moi, on n'avait vu une pareille exhibition de toilettes et d'épaules. De toutes les femmes civilisées, les Anglaises sont les seules qui soient assez sûres de leur beauté pour se montrer en plein jour en toilette de bal, décolletées jusqu'à la ceinture, le front et le sein constellés de diamants, et bravant sans sourciller le feu de cent mille regards.

Dans la crainte que les moindres détails du spectacle n'échappent à la foule formée en double haie sur le parcours des carosses, les stores sont tout grands ouverts. Comme les voitures ne vont qu'au pas et font halte de distance en distance, l'œil du vulgaire peut s'égarer à loisir sur ces aristocratiques trésors dont la plus grande partie a l'inconvénient d'avoir été admirée par la précédente génération.

Il y a deux files d'attelages enrubannés, encocardés, empanachés et caparaçonnés de toutes les nuances de l'arc-en-ciel. Les domestiques, non moins fleuris que les chevaux, se tiennent, armés de leurs longues cannes, derrière la voiture, et droits comme des piquets. J'en ai vu jusqu'à quatre postés sur le même strapontin. Pendant le défilé, des spectateurs obligeants citent le nom des ladies et disent *ce qu'elles valent* (J'en demande bien pardon au lecteur, mais l'expression est anglaise.) Celle-ci vaut cent mille livres sterling, celle-là deux cent mille ; la duchesse de Sutherland a une valeur prodigieuse : elle vaut par ses innombrables propriétés en Angleterre, en Irlande et en Ecosse ; elle vaut encore par ses diamants, les plus riches des deux îles, et si j'osais, j'ajouterais qu'elle vaut également par sa beauté, quoiqu'elle soit menacée d'être bientôt grand'mère.

Mme de Sutherland, que l'on appelle ici la grande duchesse, est véritablement, sous le rapport de l'éternelle jeunesse bien entendu, la Ninon du XIXe siècle. On dit qu'elle vient d'expulser de ses propriétés d'Irlande des centaines de familles, des villages entiers pour pouvoir transformer ses domaines en prairies artificielles. Que voulez-vous ! la grande duchesse veut *valoir* encore davantage. Voici le marquis de Westminster, qui possède la plus grande partie du West-End, un petit coin de Londres plus vaste que le faubourg Saint-Germain ; puis le duc de Bedford, le duc de Buccleugh, le duc de Burlington, le duc de Richmond, le duc de Northumberland ; ces six lords réunis valent des millions de livres sterling. Ils partagent, avec trente autres personnages tout au plus, la nue propriété de la métropole. Aussi quels laquais galonnés ! quels splendides attelages ! Chez quelle nation du continent trouverez-vous ces lieues de diamants, de rubis et d'opales, ces montagnes d'argent et d'or, ce luxe qui éblouit, cette splendeur qui épouvante? — Voilà pourtant le spectacle que vous avez perdu chez vous en faisant des révolutions, me disait un Anglais émerveillé comme tout le monde ; ce qui ne m'empêchait pas de conclure, à part moi, que dans un pays où l'or est tout, il vaut mieux être métal que citoyen.

Le soir, toutes les rues sont illuminées, la foule crie à tout instant: *The queen! God bless her!* Les clubs, les restaurants, les fournisseurs de Sa Majesté, les théâtres, les hôtels des compagnies d'assurances sont ornés d'une décoration qui consiste invariablement en un V. et un R., initiales de Victoria Regina, surmontées d'une étoile et de la couronne impériale. Cependant Regent-Street-Pall-Mall se distingue par un magnifique transparent d'un effet très-pittoresque. La reine, debout et en costume royal, reçoit les tributs et les hommages des différentes nations du globe. Les peuples de l'Inde, dans la position des envoyés d'Artaxercès à Hippocrate, versent des trésors et déposent des cachemires sur les marches du trône britannique. L'Allemagne chante la gloire de Victoria en s'accompagnant de trombones démesurés dont les colossales proportions dépassent celles des instruments de Sax. La Russie s'empresse de lui apporter ses plus riches fourrures. Quant à la France, elle est représentée par un garde national enthousiaste, lequel presse son mouchoir sur son cœur, et tendant son schako vers la reine, semble demander pardon à Sa gracieuse Majesté de n'avoir pas pour le moment un cadeau plus digne d'elle à lui offrir. Ce gigantesque transparent, peinturluré dans le goût d'une enseigne de village, obtient un succès prodigieux. Depuis huit heures jusqu'à minuit il est salué par les hourras de plus de cent mille spectateurs. L'Anglais est très-indulgent pour tout ce qui ressemble, même de loin, à un objet d'art. L'ingénieux industriel qui a exposé cette annonce à la détrempe espère bien qu'elle lui rapportera au moins autant que les réclames qu'il fait chaque jour insérer dans le *Times*.

Mais Soyer a été encore plus ingénieux. Depuis deux jours il avait annoncé qu'il ferait rôtir deux bœufs en l'honneur de l'anniversaire de la reine, et qu'il espérait bien que tout bon Anglais résidant à Londres s'empresserait de venir ce jour-là au Symposium pour manger du bifsteck royal. Partout ailleurs, on aurait pris pour ce qu'elle valait cette proclamation dynastique et culinaire ; mais en Angleterre on ne plaisante jamais sur un sujet aussi grave, et la preuve, c'est que le soir, le Symposium était littéralement encombré. Gentry, nobility, commonalty, tout le monde voulait se montrer bon Anglais la fourchette à la main. Le surlendemain, pour récompenser Soyer de son zèle, la duchesse de Sutherland, la duchesse de Bedford et la comtesse d'Essex lui faisaient savoir qu'elles iraient déjeuner au Symposium. C'était donner à l'établissement le baptême aristocratique. Voilà pourtant comme un bœuf rôti à point peut faire la fortune d'un cuisinier.

Il était dit que ce jour-là le *puff* dépasserait toutes les limites. Le soir, le bruit se répand qu'une révolution a éclaté à Paris et que Louis Bonaparte vient d'être assassiné; des hommes courent les rues avec des imprimés à la main, en criant à tue tête : *Express from Paris*. Tout le monde se précipite vers les new'smen, et c'est avec la plus grande peine que je parviens à me procurer, moyennant douze sous (six pence), un petit papier dont je cite textuellement le premier paragraphe : « *We stop the press to announce that Luis Napoléon has been assassinated. By some it is said he is shot dead; by others that he is only wonded in the right arm.* » Traduction : « Nous suspendons notre tirage pour annoncer que Louis-Napoléon vient d'être assassiné. Selon les uns, il a été tué sur le coup; selon les autres, il a été seulement blessé à l'épaule droite. » Le reste de l'imprimé donnait heure par heure les détails de l'insurrection victorieuse. Cela était conçu dans les termes suivants :

Trois heures. — Le Louvre est pris par le peuple.

Trois heures et demie. — L'hôtel de ville vient de se rendre.

Quatre heures. — Les insurgés sont maîtres de la capitale.

L'inventif auteur de ce *canard* allait même jusqu'à

citer des noms propres. Le tout était terminé par un bouquet de réflexions philosophiques sur le malheur des révolutions.

On comprend facilement l'émotion causée au premier moment par cette foudroyante nouvelle. On courait de tous côtés pour avoir des détails. A sept heures du soir, Paris était brûlé... à Londres. Enfin on connut bientôt la vérité. Il ne s'agissait que d'une honnête spéculation. Le mystificateur avait réalisé un petit bénéfice de quatre à cinq cents livres. La police n'a songé à arrêter les distributeurs d'imprimés que lorsque tous les imprimés étaient vendus.

Quelques jours avant cet anniversaire, l'hôtel du duc de Devonshire avait été témoin d'une fête vraiment intéressante. Les auteurs les plus célèbres de Londres ont formé une société d'encouragement pour les jeunes hommes de lettres, et de secours pour les littérateurs malheureux. C'est Charles Dickens, ce talent si puissant et si original, qui a eu l'idée de cette association. Les associés se sont entendus pour donner quelques représentations dramatiques dont le produit doit être affecté à une caisse de secours. Le duc de Devonshire s'empressa de mettre son salon à la disposition des artistes improvisés, et sir Edward Bulwer Lytton écrivit une comédie qu'il donna en toute propriété à la société de la littérature et des arts. La reine et le prince Albert signifièrent de leur côté leur intention d'assister à cette première représentation, dont le prix du billet fut fixé à cinq guinées (130 fr.).

Devonshire-House est situé dans Piccadilly. Je ne veux plus rentrer dans les descriptions à perte de vue : c'est toujours le même or, le même éclat, le même luxe; lorsqu'on a visité ces clubs et ces palais de la ville de Londres, on soupire après le petit appartement parisien; comme Horace dans le palais de César, on envie la simplicité de Tibur, *paterna rura*. Pourtant, je dois reconnaître que le salon de Devonshire-House se distingue par une magnificence peu commune en ce pays, par la magnificence du goût. Une belle fresque de Verrio décore le plafond, et si dans les ornements le ton criard de l'or, trop prodigué peut-être, fatigue un peu la vue, l'œil et l'esprit se reposent avec calme sur des toiles d'un rare mérite, sur des peintures de maîtres. Quand la reine eut pris place dans sa loge, ayant à ses côtés le *royal consort*, l'orchestre entonna le *God save the queen* de rigueur, après quoi la représentation commença.

Je ne suis point assez familiarisé avec la langue anglaise pour porter un jugement sur l'œuvre nouvelle de sir Edward Bulwer; tout ce que je puis dire, c'est que cette pièce, intitulée *Not so bad as we seem* (Nous ne sommes pas si mauvais que nous le paraissons), a reçu pendant toute la durée de la représentation des marques d'approbation non équivoque. Ce parterre de grands seigneurs et de grandes dames semblait prendre le plus vif intérêt à la nouvelle production de l'auteur d'*Eugène Aram* et de la *Dame de Lyons.*

A la chute du rideau, Sa Majesté se leva et fit gracieusement inviter les artistes amateurs à reparaître sur la scène pour recevoir les applaudissements de l'assistance. Ils étaient une douzaine à peu près, au nombre desquels MM. Charles Dickens, John Forster, Mark Lemau, un des plus spirituels rédacteurs du *Punch*, Dudley Castello, collaborateur d'*Ainsworth's magazine*, et Westland Marston, un des premiers dramaturges de l'Angleterre. Parmi les littérateurs et les artistes qui assistaient à cette solennité comme simples spectateurs, on m'a montré l'éminent historien M. Macauley, M. Thackerai, dont la réputation littéraire a depuis longtemps déjà franchi le détroit ; Albany Fonblanque, rédacteur de l'*Examiner ;* le célèbre peintre Martinn, et la Corinne de la Grande-Bretagne, la belle madame Norton.

La représentation a été suivie d'un grand bal.

Les artistes amateurs qui ont joué à Devonshire-House

vont représenter le nouveau drame de sir Edwar Bulwer sur un des théâtres de Londres, et ils se proposent même d'aller donner quelques soirées dramatiques dans les principales villes de l'Angleterre. La représentation de Devonshire-House a rapporté à elle seule à la caisse de l'association deux mille livres sterling.

Dans quelques jours la belle saison de Londres va finir. Aussitôt après les courses d'Ascott, qui ont lieu après-demain, la nobility émigrera sur le continent ou retournera dans ses châteaux. C'est ainsi que cela se pratique chaque année. La reine elle-même se dispose à quitter l'Angleterre et à aller passer quelque temps à l'île de Wight. Cependant, avant son départ, elle donnera un bal costumé au palais Buckingham. Les invités ne seront admis qu'en costume du temps de Charles II ou de Louis XIV. Il sera curieux de voir Sa Grâce lord Wellington en cavalier de Charles II.

LETTRE DOUZIÈME.

Londres, 12 juin.

Si, comme cela se dit assez généralement, il y a de la part de nos voisins une arrière-pensée de spéculation dans l'installation à Hyde-Park d'une exposition universelle, la spéculation est manquée. Un homme d'affaires parisien dirait que la Grande-Bretagne *a bu un bouillon*, une bien petite métaphore pour une si grande puissance Il ne faut pas croire cependant que les bateaux à vapeur et les chemins de fer ne transportent pas chaque jour un assez grand nombre de visiteurs. Leicester-Square, Soho-Square, Golden-Square, regorgent littéralement d'étrangers, et surtout de Français; tous les dialectes du continent se croisent et s'entre-choquent, et lorsque, vers minuit, on traverse ces quartiers situés au commencement du West-End, c'est à peine si, de distance en distance, l'oreille est frappée par quelques consonnes britanniques. Ces squares sillonnés par la population flottante retentissent, à toute heure du jour et de la nuit, de bruyantes conversations et de chansons joyeuses. C'est une ville au milieu d'une ville, et l'on se croirait presque en France si l'aspect noirâtre et refrogné des maisons, si les grilles sépulcrales qui les entourent ne venaient fustiger l'illusion. Mais trois squares vivants, trois squares peuplés d'hôtes accourus de tous les bouts du monde, qu'est-ce que cela à côté de tant d'autres tristes, désolés et vides? Supposons cent mille visiteurs, et c'est supposer beaucoup, cela s'aperçoit à peine, dans une agglomération de rues qui renferment une population de deux millions d'âmes. — C'est tout au plus un seau d'eau dans la Tamise, me disait mélancoliquement un honnête commerçant de Coventry qui comptait se débarrasser d'un vieux fonds de rasoirs au profit des acheteurs du continent.

Les Londonniens étaient si fermement convaincus, avant l'ouverture du palais de Verre, que l'Europe s'apprêtait à charrier ses croisades d'émigrants vers la Jérusalem industrielle, qu'ils avaient pris toutes leurs précautions en vue de cette inondation menaçante. Londres se résignait à être pendant six mois l'hôtellerie de l'univers. Ses habitants poussaient le désintéressement jusqu'à abandonner leurs maisons ornées de l'écriteau *to be let*, et à aller vivre à Calais, à Boulogne ou dans toute autre petite ville du littoral; quelques-uns, retenus sans doute par l'amour de la patrie : *Salve, magna parens!* s'étaient modestement logés dans leurs caves ou installés dans leur cuisine. Jamais encore aucun peuple n'avait donné un tel exemple d'abnégation. On sait le reste. L'Europe s'est contentée, du moins jusqu'à ce jour, d'envoyer des milliers de délégués au grand conclave de l'industrie, et voyant cela, les bourgeois de Londres se sont hâtés de revenir à leur *home*. Heureux ceux qui ont pu louer pour quelques schellings le petit appartement dont ils avaient arbitrairement fixé la location à un certain nombre de guinées!

Cependant, le *Londonner* désappointé n'a pas encore pardonné aux Frenchmen. Il s'est abandonné à toutes sortes d'imprécations contre l'indifférence et l'avarice des continentaux. Naturellement la presse anglaise s'est faite l'écho de ces lamentations nationales. « O peuple anglais! s'écrie le *Morning-Hérald*, ce n'est pas toi qui te contentes d'*acheter une douzaine d'aiguilles* quand tu voyages à l'étranger. Napoléon t'a appelé un peuple de boutiquiers, et cependant quel peuple a eu la pensée d'élever dans un de ses parcs un palais à l'industrie universelle, quel peuple a payé ce palais de ses deniers? »

Comme cette plainte éloquente prouve bien que nos voisins, malgré leur nouvelle prétention au désintéressement, n'ont pas encore l'habitude du sacrifice !

Hélas ! ce n'est pas tout. Alors qu'on se berçait de cette souriante pensée que les visiteurs arriveraient par millions, il avait été question de supprimer la taxe des monuments publics. Pour la première fois, l'Angleterre allait ouvrir *gratis* ses musées, ses temples, ses palais; gratis, un mot complétement inconnu à Londres. Si ma mémoire n'est pas infidèle, le *Times* annonçait pompeusement qu'il venait d'être décidé que les étrangers seraient reçus sans bourse délier à Saint-Paul, à la Tour, au Zoological-Garden, à Mansion-House, où l'on est libre d'admirer une grande toile violette de M. Alaux, représentant la visite du lord-maire et des aldermen à Louis-Philippe dans le château de Windsor.

En France, les étrangers n'ont qu'à montrer leur passeport pour être accueillis au Louvre, au Luxembourg, partout où il y a un chef-d'œuvre ou un objet curieux à contempler; à Londres, pour visiter le chœur de Westminster, ce chœur pavé de jaspe, d'albâtre, de porphyre, de lapis-lazuli, il faut donner 25 sous, et 12 sous en plus si l'on veut voir les tombeaux d'Élisabeth et de Marie Stuart, ces deux irréconciliables ennemies qui ne furent unies que dans l'éternité. On paie d'avance. Cette résolution généreuse de lever les taxes d'entrée n'a pas eu de suite. Sur les murailles nues de la cathédrale de Saint-Paul, on lit encore une pancarte qui explique le tarif des curiosités religieuses :

Pour pénétrer dans l'intérieur.	. .	12 sous.
Pour monter dans les galeries.	. .	12 sous.
Pour voir la pierre qui murmure.	. .	12 sous.
Pour visiter la salle des modèles.	. .	25 sous.
Id. la boule.	. . . . . .	25 sous.
Id. l'horloge.	. . . . . .	12 sous.
Id. les caveaux.	. . . . .	25 sous.

Il n'en coûte donc qu'un peu plus de 6 fancs pour pénétrer dans cette basilique de l'anglicanisme. Dans ce pays de l'or et de l'argent, il n'est pas jusqu'à Dieu qui ne fasse payer son hospitalité.

L'Angleterre est la ruche industrielle de l'univers. Promenez-vous seulement pendant une heure sur les ponts de Londres, et à la vue de ces docks remplis d'ouvriers, de ces milliers de vaisseaux et de bateaux à vapeur qui couvrent la Tamise jusqu'à Gravesend, de ces usines qui vomissent par leurs hauts fourneaux une fumée perpétuelle, à la vue de ces deux rives pleines de bruit, de mouvement et de travail, vous serez convaincus que vous avez devant les yeux la moderne Lemnos, la cité titanesque, où nuit et jour s'agite un peuple de cyclopes. Ce spectacle, je le sais, plonge dans l'extase nos commerçants et nos économistes ; les rêveurs et les hommes inutiles comme celui qui écrit ces lignes ne peuvent eux-mêmes se défendre d'un sentiment d'admiration devant ce gigantesque panorama de l'activité humaine. Cependant, quand on songe au prix de quels sentiments refoulés, de quelles vertus comprimées tout un peuple peut arriver à cette surexcitation industrielle, on se demande si c'est bien là la réalisation du progrès terrestre, et si cette nation ne descend pas, par la pente des appétits satisfaits, au plus épouvantable paganisme.

Ici, on ne respecte et on ne vénère que l'utile, tout le reste ne compte pas ; en sortant de Saint-Paul, je me promenai autour du cimetière séparé de la rue par une balustrade ; je lus en quelques secondes dans cette funèbre page du passé l'état moral de l'Angleterre : des tombes dévastées, des pierres brisées, la ronce et les hautes herbes envahissant l'enclos ; retranchez les rares pierres tumulaires et les inscriptions fastueuses, cela n'est plus qu'un terrain inculte ; il n'est pas de pays où l'on meure plus complétement qu'à Londres, et cela doit être : un peuple qui se dévoue tout entier aux machines n'a pas le temps de se souvenir.

Le cimetière de Saint-Paul n'est pas une exception ;

tous se ressemblent; partout les tombes sont dépourvues de grilles et de barrières : les grilles ne servent ici qu'à protéger le demeure des vivants. Quelques tombes sont revêtues de pierres à fleur de terre, mais la plupart sont dénuées de tout signe apparent; entre une fosse creusée il y a huit jours et une fosse creusée il y a cent ans, on ne remarque pas de différence; lorsqu'un homme est mort, on jette sur son cadavre quelques pelletées de terre, et tout est dit. Quant aux fleurs, aux couronnes d'immortelles et aux différents objets qui sont un témoignage de la piété des survivants, c'est un luxe entièrement inconnu dans les cimetières de la métropole britannique. A quoi bon se préoccuper d'un être fini, d'un être qui n'a plus d'activité, qui ne peut plus servir à rien? Il est mort; donc il ne vaut pas ce tourne-broche microscopique qui fait rôtir un veau entier sans le secours de l'aide de cuisine.

Il est un fait dont j'ai été témoin samedi dernier, et que je n'oserais rapporter s'il ne pouvait être au besoin certifié par quatre personnes, entre autres par un Anglais qui habite Londres. Trois de nos compatriotes, débarqués de la veille en Angleterre, étaient venus me prier de les accompagner au tunnel et à la Tour. Depuis deux mois que je suis ici, je n'avais pas encore songé à visiter ces deux monuments. Je me laissai conduire. En pénétrant dans l'intérieur de la Tour, le premier objet qui frappa nos regards, ce fut un chien qui creusait une des tombes du cimetière. Nous nous approchâmes d'un de ces gardiens qui portent la houppelande du temps d'Elisabeth, par-dessus des pantalons à sous-pieds, et nous lui fîmes quelques observations sur cette profanation de sépulture; mais le gardien nous répondit d'une façon assez impertinente : *Go your way, that does not concern you.* (Passez votre chemin, cela ne vous regarde pas.) Je m'empresse d'ajouter que, nonobstant sa mauvaise humeur, le hallebardier d'Henri VIII se hâta d'expulser l'animal profanateur.

Comparez maintenant avec les nécropoles britanniques les cimetières d'Orient; les habitants de ce pays-là ont à l'exposition d'Hyde-Park, d'affreuses petites manivelles, l'enfance de l'art, qui font sourire de pitié les apprentis mécaniciens : ce sont des barbares qui ne sont pas encore très-convaincus que l'homme ait été exclusivement créé pour trafiquer, commercer et industrier afin de boire une plus grande quantité de sherry et de manger une plus large portion de roatsbeef. Mais quel culte ils professent pour leurs morts! Comme ces gens inoccupés ont gardé la religion des souvenirs! En Orient, le cimetière est un jardin; c'est la retraite préférée des rossignols, ces poëtes aériens qui sont aussi très-estimés en Angleterre, mais à la condition d'être servis à la brochette.

Je n'ai, certes, pas la prétention de nier les bienfaits de l'industrie et de proposer comme l'idéal du bonheur et de la sagesse l'immobilité des peuples orientaux; seulement, lorsque éclatent les fanfares commerciales, lorsque de toutes parts les Tyrtées de l'économisme entonnent des dithyrambes industriels, lorsque chaque jour l'Angleterre est proposée en exemple, il n'est peut-être pas inutile de rappeler à nos compatriotes que c'est son intelligence, son amour de l'idée, son désintéressement et sa généreuse initiative qui ont fait, dans tous les temps, la gloire et la grandeur de notre pays.

LETTRE TREIZIÈME.

Londres, 18 juin.

En quittant la Tour, qui contient quelques vieilles ferrailles, entre autres l'armure de Jacques II, laquelle fut portée par le marquis de Waterford à ce fameux tournoi d'Eglington dont M. Louis Bonaparte fut un des plus resplendissants chevaliers, je suis allé visiter un monument beaucoup plus curieux quoique moins célèbre. Je veux parler de l'établissement de Moses, qui a dans Londres une dizaine de succursales. Il y avait longtemps que ce nom de Moses me poursuivait partout. Je l'avais vu affiché dans les omnibus, dans les cabs, dans les carriages, sur les baraques d'Epsom et d'Ascott, et dans les bateaux à vapeur qui font le service de Waterloo-Bridge à Richmond. Moses possède un établissement unique dans le monde entier : c'est un bazar aussi complet que l'exposition d'Hyde-Park ; à la première inspection, on pourrait croire que ce n'est qu'un immense magasin de vêtements confectionnés, mais quand on pénètre dans le sanctuaire, on reste ébahi à l'aspect de la prodigieuse activité qui règne du haut en bas de ce capharnaüm. Des myriades de commis débitent à toute heure du jour des objets complétement dissemblables. Celui-ci vend un chapeau, celui-là une paire de bottes, cet autre un mobilier complet. Voici un planteur qui retourne aux Indes et qui vient chercher des maisons portatives. Moses fournit aussi des cercueils au plus juste prix et marqués à votre chiffre. Cherchez, inventez l'objet le plus extravagant, un traîneau, un débris du Parthénon, un écureuil, une pagode chinoise, Moses vous servira en un clin d'œil. Avez-vous besoin d'un vaisseau? vous l'aurez demain matin gréé, mâté, et il ne manquera pas un mousse à l'équipage. Pour se faire une idée du mouvement de cette maison où l'on entre et d'où l'on sort à chaque seconde par dix issues différentes, il faut avoir été à la bourse de Londres vers trois heures. On m'a dit que Moses était vingt fois millionnaire et que s'il n'était pas juif il pourrait un jour arriver à la pairie comme M. Portmann, cet ancien entrepreneur de bâtiments, aujourd'hui lord Portmann en vertu de ses soixante-dix millions de fortune.

Ceci n'est point un trait satirique à l'adresse du nouveau lord du royaume uni; là où l'argent est une si grande puissance, je dirais presque la seule puissance, il est tout simple que l'homme enrichi prenne place dans le sein d'une aristocratie qui se soutient moins par ses parchemins que par ses millions; l'aristocratie, c'est là son intelligence, se recrute incessamment de tous les hommes considérables qui surgissent dans la politique, dans l'industrie et le commerce; elle absorbe des forces qui, placées en dehors d'elle, pourraient lui susciter des embarras. Elle prévient les oppositions en attirant les opposants. C'est une curieuse étude que le spectacle de cette aristocratie anglaise qui maintient depuis des siècles sa domination à l'aide de moyens tout à fait artificiels. Pour n'être pas dévorée par cette tourbe en haillons qui pullule dans les rues des villes et qui sillonne tous les grands chemins de l'Angleterre, elle ne cesse d'élever des hôpitaux, des maisons de refuge où l'on distribue des soupes et de l'argent, si bien que les voyageurs superficiels ont la naïveté de laisser éclater leur enthousiasme à la vue de ces milliers d'institutions philanthropiques, ne voulant pas comprendre que tous ces insuffisants palliatifs sont précisément l'indice et la condamnation de la déplorable organisation sociale de ce grand pays. L'aristocratie fait mieux encore, elle suit le peuple, pour ainsi dire, depuis sa naissance jusqu'à sa mort, elle bâtit dans les villes et dans les villages des écoles gratuites où les enfants des pauvres et des nécessiteux sont élevés dans le respect de la loi et dans l'amour des préjugés sur lesquels repose la puissance oligarchique ; quand ces enfants seront devenus des hommes, l'aristocratie leur distribuera des livres dont la lecture est destinée à entretenir et à attiser le feu de l'éducation première ; le clergé est tout entier à la dévotion de la nobility, c'est un instrument dans les mains de trois cents familles privilégiées, rien de plus ; par le clergé, l'oligarchie agira perpétuellement sur les masses ; le clergyman saisira toutes les occasions d'exalter les vieilles coutumes ; son rôle, à lui, c'est de maintenir par l'autorité de sa parole ce peuple, libre entre tous les peuples, dans une éternelle tutelle. Il existe dans ce pays une telle servitude hiérarchique, que depuis la base jusqu'au faîte de la société anglaise, chacun trouve en naissant sa case toute faite ; le noble, le membre du clergé, le gentleman, l'industriel, le commerçant, l'ouvrier, le salarié, etc. ; un fruitier retiré ne fréquentera plus son confrère de la veille encore en exercice. Nous avons, nous, l'habitude de regarder au-dessus de nous, — une qualité et un défaut, — l'Anglais ne regarde jamais qu'au-dessous de lui. Faut-il le louer de sa sagesse ou le plaindre de sa vaniteuse humilité?

J'ai assisté à une prédication anglicane; le ministre, groupant avec habileté ses arguments, dont il dissimulait les sophismes sous une apparence de logique, s'efforçait de prouver aux ouvriers anglais qui l'écoutaient avec recueillement, qu'ils étaient bien plus avancés en civilisation, en bien-être et en intelligence que les ouvriers du continent, puisque depuis deux cents ans l'Angleterre n'avait pas eu besoin de recourir au violent remède des révolutions. Autant l'aristocratie anglaise est sceptique, je n'ose pas dire athée, autant le peuple anglais est crédule. Ces ouvriers avaient accueilli avec une faveur marquée la parole du prédicateur, et tous s'en revinrent de ce sermon politique convaincus que la nation anglaise est en effet la plus heureuse nation du globe. Ces sentiments, je les ai retrouvés jusque dans l'âme des plus vils mendiants. Le jour du dernier drawing-room de la reine, un malheureux sans souliers, sans chapeau, et affublé des plus horribles haillons, me disait avec un air de fierté et de satisfaction, en me montrant la file d'équipages qui encombraient l'allée de Saint-James-Park : *Those are our lords !* (Ceux-là ce sont nos lords !) Il y a dans cet élan patriotique de la part d'infortunés qui souffrent et qui meurent de leurs souffrances quelque chose qui fait mal et que cependant on admire. Partout ailleurs l'esclave ne songe qu'à rompre ses chaînes; ici, il bénit ses oppresseurs! Etrange nation, qui ne ressemble à aucune autre, et qui n'a peut-être fondé de si grandes choses qu'au prix de cette servitude morale de tout un peuple! Quoi qu'il en soit, ceux-là se tromperaient singulièrement qui croiraient que les vieilles institutions britanniques sont menacées dans un avenir prochain; certaines réformes partielles auront lieu; l'aristocratie donnera d'une main ce qu'elle reprendra de l'autre, et l'antique vaisseau continuera de voguer sur l'océan. La Russie sera rongée au cœur avant que l'Angleterre ne soit attaquée par le vautour démocratique. Cette solidité exceptionnelle tient à plusieurs causes : à la position géographique du pays, aux préjugés si fortement enracinés dans le peuple par l'oligarchie contre tout ce qui vient du continent, et, pourquoi ne pas l'avouer aussi? cela tient surtout au patriotisme national.

Ne nous étonnons pas trop de la crédulité de ce peuple, nous qui nous sommes montrés si crédules envers les gentlemen en passage sur le continent, que nous avons pendant longtemps accepté comme d'incontestables vérités toutes les faussetés qu'il leur plaisait de débiter sur leur pays. Je ne citerai d'autre preuve à l'appui que ce mot d'importation britannique, et qui a aujourd'hui droit de bourgeoisie dans tous les dictionnaires européens, le mot comfortable. Eh bien ! en Angleterre plus que partout ailleurs, plus qu'en France, en Allemagne et même en Italie, le mot comfort est une mystification. Depuis mon arrivée dans ce pays je suis à la recherche du comfort, et je déclare ne l'avoir trouvé nulle part : ni dans les tavernes, où l'on a pour siéges des bancs de bois et où les garçons restent trois quarts d'heure avant de vous servir une côtelette ; ni dans les théâtres, — je parle des théâtres aristocratiques, — où les banquettes sont tellement rapprochées qu'il est impossible de rester une demi-heure dans sa stalle sans avoir une courbature ; ni dans les hôtels, ni dans les maisons particulières, où les lits sont si durs qu'on envierait volontiers le rude matelas du corps de garde ; ni dans les appartements, presque toujours dépourvus de meubles, et qui ressemblent à des cabines de bateaux à vapeur. Les maisons sont tapissées de la base au sommet ; je le crois bien ! les parquets sont si mal agencés et d'un si affreux aspect, que pour les gens riches, qui font établir des parquets semblables aux nôtres, le luxe consiste à n'avoir pas de tapis. Quant à la propreté anglaise, il faut aussi s'entendre sur la valeur de cette locution passée chez nous à l'état d'axiome.

L'extérieur des maisons reluit comme le pont d'un navire, les grilles sont frottées chaque jour, le pas de la porte est lavé matin et soir ; mais pénétrez dans l'intérieur, et vous trouverez de vieilles pantoufles ou de vieux linges derrière et sous tous les meubles. Dans ce bienheureux pays qui regorge d'or mais où le linge est un luxe très-rare, une nappe servira pendant toute une semaine sur la table du restaurant aussi bien que sur la table du bourgeois. Je ne parle pas de la serviette, elle n'existe pas. Il en est de la propreté anglaise comme de tout le reste, l'aspect général est satisfaisant, mais à la condition de ne pas insister sur les détails. « Si vous voulez juger notre pays, me disait spirituellement un jeune gentleman, ne perdez jamais de vue que nous badigeonnons au moins une fois par année nos maisons et nos mœurs. » Je me tairai également sur la cuisine, c'est une véritable pharmacie. Dernièrement, à un banquet offert aux étrangers par des négociants, on porta des tostes à différentes réformes. Ici on boit perpétuellement aux réformes, c'est peut-être pour cela qu'on réforme si peu. Un économiste distingué, M. Adolphe Blanqui, se leva alors et demanda la parole. « Messieurs, dit-il, puisque nous sommes en train de réformer l'Angleterre, le verre à la main, permettez-moi de boire à une réforme indispensable, à la réforme de votre cuisine. » On but joyeusement à la réforme de la cuisine, ce qui n'empêchera pas les réformateurs de continuer à pimenter leurs sauces d'ingrédients pharmaceutiques, et à manger leur salade sans assaisonnement, à peu près telle qu'on la donne en France aux tortues et aux lapins.

Les journalistes anglais vont se récrier. « Si vous n'avez trouvé ni le comfort ni la propreté en Angleterre, diront-ils, c'est que vous n'êtes pas entré dans les maisons des lords et des leaders, c'est que vous n'avez fréquenté que la bourgeoisie. » Je n'ignore pas en effet que Northumberland-House, Sutherland-House, Devonshire-House, Aspley-House, et quelques autres demeures de Saint-James-Square et de Belgrave-Square sont les premières habitations du monde sous le rapport du luxe et de la tenue; mais une nation où le comfortable est le privilége de quelques-uns est-elle en droit de faire sonner si haut sa prétention au bien-être et à l'*honorability?* J'avouerai également sans difficulté qu'il est quelques maisons bourgeoises à Londres tout aussi propres, tout aussi bien tenues que les mieux tenues et les plus propres du continent. J'ai eu l'occasion, je dirai la bonne fortune, d'aller passer deux jours à la campagne chez un countryman des environs de Windsor, et je serais bien difficile si je ne convenais pas que son château, ou, pour parler plus modestement, sa ferme, se faisait surtout remarquer par la propreté des objets et la bonne entente du service intérieur. C'est dans les deux jours que j'ai vécu sous le toit de cet honnête gentleman, que j'ai commencé à comprendre le charme que trouvent un si grand nombre de familles anglaises dans l'exercice de cette vie agreste et abritée. Mon hôte, veuf depuis quatre années, avait six filles et trois garçons. L'aînée des jeunes filles comptait dix-huit ans et la plus jeune six ans et demi.

Toute la journée est employée par cette famille dans des occupations qui équivalent à des plaisirs ; les fils se partagent la besogne du dehors. La surveillance des ouvriers, l'administration du patrimoine, les mille soins de la propriété, les commissions dans les villages environnants. En un clin d'œil, le poney, sellé, sanglé et enfourché, fait voler la poussière de la route. « Bella, a dit en partant le cavalier à l'une de ses sœurs, n'oubliez pas de préparer mon grog, car j'aurai chaud au retour. » Quant aux jeunes filles, levées dès six heures du matin, elles montent et descendent les escaliers, emplissant la maison de chansons et de rires. L'une a le département de la vaisselle ; c'est à elle qu'est confié le soin d'étaler et de serrer l'argenterie ; l'autre fait des puddings, ce grand régal de la famille anglaise ; l'autre met des fleurs dans toutes les encoignures, et l'aînée, celle qu'on appelle *mother* (mère), veille à tout, est partout, stimulant celle-ci, réprimandant celle-là, et toujours écoutée avec déférence par ses cadettes. Après le dîner, qui réunit toute la petite colonie et qui a lieu vers une heure, on va se promener dans les champs ou faire des visites dans les environs, puis l'on rentre et chacun se remet au travail. Le soir, quelques voisins viennent; l'une des sœurs se place devant le piano, pendant qu'entre les jeunes visiteurs et les jeunes filles s'établit cette escarmouche amoureuse que l'on nomme ici la *flirtation*, coquetterie permise, charmants préludes d'un sentiment honnête qui sera un jour béni par le pasteur. J'ai déjà dit qu'il fallait voir l'Angleterre à la campagne, c'èst en effet sous cet aspect patriarcal qu'elle vaut surtout à mes yeux. A chaque pas, on y rencontre quelques-uns de ces frais tableaux qui reluisent dans la galerie des écrivains anglais du dix-huitième siècle. Ces deux jours me reposèrent complétement de l'agitation vide de la métropole, et dans mes souvenirs, c'est le vôtre que je retrouverai toujours plus aimable et plus souriant, simple, honnête et heureuse famille qu'il m'a été permis d'admirer pendant trente-six heures, au milieu des calmes paysages du comté de Berkshire!

LETTRE QUATORZIÈME.

Londres. 20 juin.

Ce qui manque à Londres ce n'est pas la foule ; le mouvement démesuré de la métropole britannique a encore été augmenté, dans ces dernières années, par l'introduction des omnibus et par l'usage des rail-ways. Maintenant tout le monde est sans cesse par voies et par chemins d'un bout à l'autre des trois royaumes ; et ce qu'il y a de vraiment curieux dans ce va-et-vient perpétuel, dans cette agitation de toutes les heures, dans ce mouvement de toutes les minutes, c'est le calme de ces infatigables pèlerins, c'est le flegme de ces gens affairés. Ceux qui n'ont pas vu Londres doivent difficilement comprendre comment une ville qui contient deux millions cinq cent mille habitants, qui est le point central de l'Angleterre, de l'Ecosse et de l'Irlande, qui voit entrer chaque jour dans la Tamise des centaines de vaisseaux, qui possède des monuments superbes, les plus beaux parcs de l'univers, le plus riche commerce et la plus puissante aristocratie du globe, puisse être en même temps la capitale de l'ennui et de la tristesse. Quand on se promène dans les rues de Londres, au milieu de cette foule d'omnibus et de voitures, à travers cette population qui encombre les squares, les ponts, les promenades, on ne se rend pas compte, au premier abord, pourquoi tout ce qui frappe la vue, équipages splendides, magasins étincelants, édifices et public, a un aspect morne; ce n'est qu'en cherchant à résoudre ce singulier problème qu'on parvient à découvrir que ce qui fait Londres si triste en dehors de sa sphère manufacturière et commerciale, c'est l'absence de l'élément essentiel d'animation, le *populaire*. A Paris, le populaire est partout, il égaie les rues et les places, les jardins publics et les boulevards, il existe dans la Chaussée-d'Antin aussi bien qu'au faubourg Saint-Antoine, il assiste au théâtre, se mêle à toutes nos cérémonies et domine dans toutes nos fêtes. A Londres, on dirait qu'il n'y a pas de peuple et que la ville est exclusivement habitée par des gentlemen et des mendiants. Uniformité de costumes, d'habitudes, de manières et de visages. Tout le monde a un habit noir, tout le monde se divertit de la même façon sépulcrale, tout le monde a le même air ennuyé. L'ouvrier, le marchand, l'oisif entrent dans le même public house, gardent la même attitude silencieuse et ne se distinguent à la première vue par aucune différence. Qu'un homme du peuple rencontre un homme du peuple, et il lui dira en l'abordant ce que dit un nobleman à un nobleman : *What beautiful weather!* —*Deligthful day*, répond l'interlocuteur ; puis les uns et les autres passent leur chemin. Dépouillez de sa livrée le domestique d'un lord, et rien ne vous empêchera plus de le prendre pour le lord lui-même. Il a l'attitude raide et gourmée, l'air froid et méprisant de son maître. Tous les Anglaïs semblent avoir été taillés sur un patron unique. Il n'y a pas deux types véritablement distincts dans toute l'étendue de la Grande-Bretagne. Nos voisins ont tous au même degré, ducs ou négociants, industriels ou gens du peuple, cette apparence réservée, ces manières compassées, tout cet ensemble extérieur en un mot qui constitue sur le continent, et surtout en France, ce que l'on est convenu d'appeler la distinction.

Les Anglais savent bien l'effet qu'ils produisent sur l'étranger. Au retour d'Ascott, dont les courses, exclusivement fréquentées par la noblesse et la haute bourgeoisie, sont la contre-partie de celles d'Epsom, un gentleman me disait : « Je suis sûr que, lorsque vous retournerez en France, vous ne manquerez pas de raconter à vos compatriotes que le peuple anglais est le plus ennuyeux et le plus ennuyé des peuples ; vous ne comprenez pas nos plaisirs silencieux et nos amusements solennels : il vous faut une joie bruyante et tapageuse ; quant à nous, nous trouvons excellente notre manière de nous amuser, et nous ne la changerions pas contre la gaîté française. » Que répondre à cela ? Il est bien possible que les Anglais s'amusent, mais leur masque immobile ne trahit jamais la satisfaction intérieure ; et rien ne ressemble plus à l'ennui que leur façon de se divertir. Il est difficile, en dépit de la meilleure volonté, de prendre un bâillement pour un éclat de rire.

L'étiquette, qui domine en souveraine dans ce pays, ne contribue pas peu à entretenir dans toutes les classes de la société britannique cette excessive froideur. Par suite des innombrables divisions de castes et de rangs, tout est réglé, limité, prévu, non-seulement dans la vie publique, mais dans l'exercice de la vie privée. La noblesse proprement dite (*nobility*) comprend les pairs siégeant au parlement et les fils aînés de pairs : ces nobles sont ducs, marquis, comtes (*earls*) ou vicomtes ; au-dessous d'eux sont les baronnets et les chevaliers (*knigths*), titres qui s'obtiennent par suite de services rendus à l'Etat. Le premier de ces titres est héréditaire, le second n'est que viager : c'est cette noblesse de second ordre qui constitue la *gentry*. Tout ce qui ne fait pas partie de la *nobility* ou de la *gentry* est compris sous le nom de *commonalty*, le commun peuple. De là, cette vieille formule des actes publics encore en honneur aujourd'hui, et qui est reproduite chaque soir sur les affiches de théâtres et de concerts : *The nobility and gentry, and common people are respectfully informed...*

Mais en dehors de ces deux noblesses officielles, le *common people* a inventé vingt autres distinctions. L'homme qui a deux millions de fortune est plus honorable que celui qui n'a qu'un million et demi, et ainsi de suite ; le négociant retiré a le pas sur le négociant en exercice, et le rentier la préséance sur l'industriel. Je ne parle pas de cent autres noblesses de corporations. Si je voulais classer toutes ces castes, il me faudrait faire un dénombrement à la façon d'Homère. On comprend quelle froideur jettent dans les relations sociales ces classifications qui font de la Grande-Bretagne une sorte de casier où chacun vit retiré dans son compartiment, selon le hasard de sa naissance, de sa fortune, de sa profession ou de son état.

L'Angleterre montre dans les plus petits détails son aversion pour le principe de l'égalité. Quand un marchand envoie sa note, il compte par livres; si c'est un médecin ou un homme ayant une profession libérale, il a le droit d'additionner par guinées, quoique les guinées n'existent plus. Les professions libérales gagnent à ce privilége en ce sens que pour montrer à un médecin le cas que l'on fait de son honorabilité, on lui remettra pour une visite la valeur représentative d'une guinée, c'est-à-dire une livre et un shilling, tandis qu'on ne donnera qu'une livre à un apothicaire. Voilà au moins une distinction qui n'est pas seulement ingénieuse.

Ces innombrables classifications ont, je me plais à le reconnaître, un certain côté avantageux. Chacun conserve dans le monde la dignité un peu gourmée de son rang, de sa profession ou de sa fortune, et l'on n'est jamais exposé à subir, comme cela arrive si souvent chez nous, cette familiarité de mauvais goût que se permettent tant de gens qui vous ont aperçu une fois et se font à la seconde rencontre vos amis intimes; en outre, on ne voit pas en Angleterre de faux comtes, des marquis douteux, tous ces nobles apocryphes qui pullulent dans les salons parisiens; la noblesse étant chez nos voisins une institution sérieuse et la loi confiant aux particuliers le soin de réprimer les délits, dix personnes pour une s'empresseraient d'arracher son masque de gentilhomme au roturier usurpateur. L'aristocratie anglaise a, comme l'ancienne oligarchie vénitienne, un livre d'or qui contient la généalogie de chaque famille privilégiée et constate non moins authentiquement la race des hommes que le *stud-book* la noblesse des chevaux.

Si vous quittez la rue pour pénétrer dans une de ces maisons noirâtres qui ressemblent tant à une prison, n'allez pas croire, sur la foi des écrivains anglais du siècle dernier, que cette maison est le temple dédié au dieu modeste de la famille; Londres n'est pas l'Angleterre comme Paris est la France; l'Angleterre, en effet, comprend et cultive les joies du foyer, la vie intérieure, les douces émotions de l'existence abritée; c'est dans les comtés surtout que se trouvent ces nombreuses et patriarcales familles qui ont conservé les simples traditions presbytériennes. Là le père est le chef vénéré, et l'aîné des fils est son lieutenant. Au dîner de la famille, auquel prennent part les serviteurs de la maison, c'est le père qui dit tout haut la prière commune; c'est encore lui qui, le soir, lit la Bible à ses enfants et à ses hôtes, tableau touchant doucement éclairé par le génie souriant des vertus domestiques! Mais à Londres, quel contraste! A Londres, le chef de la maison n'est presque jamais chez lui ; il vit au club quand il est débarrassé du poids de ses affaires. C'est au club qu'il dîne, qu'il passe la soirée et la plus grande partie de la nuit. Le club est devenu pour le Londonnien une nécessité impérieuse. La femme reste triste et délaissée au milieu de ses enfants, pendant que le mari va jouer, fumer et boire. Le club a tué la vie de famille dans toutes les grandes villes des trois royaumes.

Un mot sur les clubs. J'ai visité les principaux qui pullulent dans Pall-Mall, à Carlton-Terrace, à Trafalgar-Squarre et surtout dans Saint-James-Street.

En Angleterre, les intérêts matériels se groupent et s'associent avec une merveilleuse facilité. Qu'il s'agisse de canaux à creuser, de chemins de fer à construire, de colonisations à établir, et aussitôt les capitaux abondent de toutes parts. On porte cet esprit de coopération plutôt que d'association véritable jusque dans les petites choses. Je citerai comme preuve à l'appui les clubs innombrables, palais magnifiques où se trouvent réunis tous les avantages matériels que peut procurer l'association des intérêts.

En général, ces établissements sont d'une magnificence qui dépasse toute description. De vastes vestibules, de grands escaliers garnis de tapis, splendidement éclairés et chauffés par des bouches de chaleur, des salles basses ornées de tableaux, de fleurs, et conduisant à des jardins entretenus avec un luxe royal. Aux étages supérieurs, des salons de jeu, de conversation et de lecture; dans tous, des croisées s'ouvrant sur des terrasses où l'on se promène au milieu de caisses d'orangers, de myrtes, de grenadiers et de lauriers-roses. Les glaces, d'un prix exorbitant en Angleterre, ont, dans ces salons resplendissants, des dimensions colossales. Des fresques ornent les plafonds; des arabesques serpentent dans les frises; des guirlandes d'amour bouffis sont suspendues dans les tympans. Partout l'or flamboie. Chacun de ces clubs possède une bibliothèque et reçoit les journaux anglais et étrangers. Il y a aussi des salles de bains, et au second étage des chambres à coucher où les membres du club peuvent passer la nuit s'ils sont trop fatigués ou trop échauffés par les spiritueux pour regagner leur demeure. Les prix de cotisation varient, selon les clubs, de douze à vingt livres sterling par année. J'ai dîné dans trois de ces clubs, au club de l'Armée et de la Marine, au Reform-club et à l'Atheneum, situé dans Pall-mall à côté de l'hôtel de lord Palmerston et en face de la petite maison qu'occupait pendant son premier séjour à Londres Louis Bonaparte. Le dîner, servi en vaisselle plate et à la française, est splendide; les vins sont de première qualité; à Londres, le club est à peu près le seul endroit où l'on puisse dîner sérieusement. Le prix de ces repas est très-modéré. Grâce à l'association, un gentleman dont la fortune est modeste peut mener une existence de grand seigneur. Du reste, l'intimité est aussi inconnue dans les clubs que partout ailleurs. Chacun est là pour soi. On entre, on salue à peine, on prend un journal ou une brochure, on expédie son courrier, on donne ses rendez-vous, on se promène dans le jardin, sur les terrasses, on dort, on fume, on joue, mais on ne cause jamais. La raison de ce mutisme général est fort simple. La plupart des membres d'un club ne se connaissent pas. Comme il faut un certain nombre de cotisations pour couvrir les frais, il suffit à chacun de savoir que son voisin a été présenté par deux membres du club et agréé par le comité; mais jamais on ne dira devant ce voisin un mot qui ait trait non-seulement à la politique, mais encore à quoi que ce soit. En Angleterre, pour hasarder une opinion devant quelqu'un, il faut savoir auparavant s'il est riche ou pauvre, tory, whig ou radical. Cette réserve est louable, en ce sens qu'on ne s'expose jamais à blesser personne dans sa fierté ou dans ses opinions, mais elle est poussée à un tel excès, qu'elle supprime tous rapports, toute conversation, et quelle fait de l'Angleterre une sorte de succursale du couvent de la Trappe.

Comme splendeur et magnificence, le plus remarqua-quable des clubs de Londres est peut-être *The Reform club house*. C'est un vaste palais construit en pierres de taille avec des colonnes ioniques dans le goût de l'architecture italienne, et entouré d'une balustrade également en pierre. On y entre en montant quelques marches qui conduisent à une grande et magnifique salle dont la galerie est supportée par vingt colonnes ioniques flûtées qu'on dirait de marbre de Sienne, mais qui ne sont en réalité que recouvertes de ce stuc appelé scaglioli. Les soubassements de ces colonnes sont de porphyre rouge. Au centre de cette salle le sol est pavé ou plutôt marqueté en imitation de la mosaïque de Rome. On voit un assez beau portrait de lord Holland dans la galerie à laquelle on monte par un magnifique escalier en marbre blanc ; dans des panneaux sont placés les portraits des principaux réformateurs. Le dôme au-dessus de la galerie est supporté par vingt colonnes d'ordre corinthien. L'ensemble intérieur de ce monument est vraiment magnifique. Le grand salon, une gigantesque merveille étincelante d'or et d'azur, est malheureusement déshonoré par des meubles plus riches qu'élégants.

Les principaux clubs de Londres sont : l'Army and Navy club, le Reform club, le Clarence, l'Oriental, le

Portland, le Royal-Naval, l'Alfred, le Parthénon, le cercle des Etrangers, l'Atheneum où se réunissent les hommes de lettres et les artistes, le club d'Oxford où ne peuvent être admis que les gentlemen qui ont fait leurs études à l'Université de ce nom, le Junior University, l'Union, le West-India, l'Albion, et quelques autres dont le nom m'échappe.

En dehors de ces clubs de première classe, il en est une quantité d'autres, comme le club des Echecs, le club des Voyageurs, le club des Nageurs, le club des *Citizens*, le club des Célibataires, le club des Philanthropes, sans compter le club des Cosmopolites, le club des Yachts, le club des Jockeis, le club des Boxeurs, et le club des Excentriques.

Le club des Excentriques est un des plus curieux. Ce mot *excentric*, d'importation britannique, sonne mal à Londres et dans toute l'étendue de l'Angleterre. Dans ce pays où le savoir-vivre consiste à s'effacer le plus possible, quiconque revêt une physionomie originale est perdu. La porte des salons se ferme aussitôt devant lui, on l'évite quand on l'aperçoit dans la rue, on le fuit comme un créancier. Il ne faut ni beaucoup d'imagination ni une forte dose d'originalité pour être taxé d'excentricité à Londres. Soutenir dans un salon que lord Byron est un grand poëte, cela vous classe immédiatement parmi les excentriques. L'Anglais doit croire au génie de Byron, mais il ne lui est pas permis d'étaler publiquement son admiration pour l'auteur de *Lara* et de *Don Juan*; si vous prétendez que la religion catholique vaut bien la protestante, vous êtes un excentrique au premier chef. Si vous déclarez que la reine n'est pas précisément jolie, — excentrique; si vous portez des moustaches, — excentrique; si vous avez une redingote passé six heures du soir, — excentrique. Mais si, accomplissant du reste les formalités de la tyrannie sociale, vous vous grisez trois cent soixante-cinq fois par année, vous n'êtes pas le moins du monde excentrique, vous êtes un gentleman anglais dans toute la force du terme, et rien ne vous empêche de solliciter la main de la fille d'un lord, pourvu que votre naissance et votre fortune vous permettent d'aspirer à un tel honneur.

L'*Excentric club*, situé dans Saint-James-Street, a été à son origine le refuge de tous les infortunés qu'un moment d'erreur ou d'oubli avait éliminés de la société anglaise; mais bientôt les Excentriques firent comme ces jeunes filles coupables d'une faiblesse, et qui, se voyant repoussées par leurs compagnes, prennent le parti de jeter leur bonnet par-dessus les moulins. Perdus sans ressource, quoi qu'ils fissent, ils ne craignirent plus de s'afficher, et protestèrent, à l'aide de mille contraventions originales, contre le despotisme des vieux usages. Aujourd'hui l'accès de ce club est devenu très-difficile; pour en faire partie, il faut s'être signalé par des exploits capables de faire dresser les cheveux de la vieille Angleterre. A l'époque où sa gracieuse Majesté Victoria monta sur le trône, le titre d'amoureux de la reine ouvrait à deux battants, dans les premiers jours, la porte du club. Mais ce titre fut bientôt insuffisant : en effet, la Grande-Bretagne, adoptant pour devise le vers virgilien : *Omnia vincit amor et nos cedamus amori*, tout le monde était devenu amoureux de la reine, depuis ce jeune lord qu'on fut obligé d'envoyer aux Indes, jusqu'aux platoniques ramoneurs qui se glissaient par toutes les cheminées du palais Buckingham dans la chambre de Sa Majesté.

Une personne qui connaît à fond la chronique de Londres m'a raconté, à propos du club des Excentriques, une anecdote qui donne le mot d'une énigme qu'on n'avait pas encore expliquée jusqu'à ce jour. Il y a deux ans, un très-jeune homme appartenant à une riche famille de la gentry fit tous ses efforts pour être reçu parmi les Excentriques. Afin de parvenir le plus tôt possible au but de son ambition, il se mit à soutenir, de propos délibéré, des opinions imprudentes, à porter des costumes extravagants; bref, il s'afficha si bien, que, malgré son extrême jeunesse, il eut le bonheur de se voir bientôt expulsé de toutes le maisons où on avait coutume de le recevoir. Mais le club trouva que le néophyte n'avait point encore gagné ses éperons, et il le pria de faire antichambre. Ce fut alors que le jeune homme, impatient d'entrer dans le cénacle, prit le parti désespéré d'épouser cette danseuse maigre dont le nom a retenti dans tous les journaux européens. Il conduisit, malgré le désespoir de sa famille, mademoiselle Lola Montès à l'autel, vint passer deux mois à Paris, puis, abandonnant sa femme après la formalité obligatoire de la lune de miel, il retourna à Londres et se représenta devant les Excentriques, qui, cette fois, l'accueillirent à bras ouverts. Voilà le secret de cet étrange mariage qui a causé tant de stupeur en Angleterre et tant d'étonnement partout. Madame la comtesse de Lansfeld croyait que M. Heald l'épousait par amour, et M. Heald se servait tout simplement de l'ancienne maîtresse du roi de Bavière comme d'un escabeau pour escalader le roc escarpé de l'*Excentric club*.

En résumé, les clubs rendent les Anglais plus personnels et plus égoïstes : ils parquent les hommes d'un côté et les femmes de l'autre ; ils tuent la famille. Pendant que le mari fait des dîners somptueux, boit des vins de luxe et perd son argent au jeu, la femme et les enfants dînent sur une pièce de bœuf qui dure toute la semaine. Cela n'empêche pas, bien entendu, les Londoniens de parler sans cesse du culte de la famille, et d'exalter toutes les vertus domestiques qu'ils se gardent bien de pratiquer.

Passons des clubs aux combats de boxeurs.

En vain les lois anglaises défendent expressément les combats des boxeurs. Tous les jours elles sont éludées, parce que l'esprit national, plus fort qu'elles en ce point, ne peut s'habituer à leur obéir. Le ministère public ne pouvant, en Angleterre, poursuivre d'office, ni connaître légalement d'un délit, lorsqu'il n'y a pas dénonciation expresse, signée par un certain nombre de citoyens recommandables, les feuilles publiques annoncent journellement qu'à tel endroit, à telle heure, il y aura assaut entre deux boxeurs célèbres; et jamais la police n'intervient, parce que de mémoire d'homme le cas de dénonciation ne s'est présenté.

L'art de boxer s'apprend en Angleterre comme chez nous l'art de l'escrime. Ce combat a ses règles, que l'on ne peut enfreindre. Le grand art du boxeur consiste à se tenir constamment couvert, et à porter d'estoc à son adversaire des coups de poing à la figure, et surtout à la poitrine. Les boxeurs combattent nus jusqu'aux hanches.

Une règle, dont l'inobservation est sans exemple, est de ne point frapper l'adversaire qu'un coup aura jeté à terre, et d'attendre, pour lui asséner de nouveaux coups, qu'il se soit relevé. Celui des deux combattants qui exprime le premier le désir de cesser la lutte s'avoue par cela même vaincu.

Un entraînement rationnel, un régime ordonné, des viandes rôties et choisies rendent les boxeurs gras, frais, roses, forts et en état de soutenir le pugilat le plus animé.

La passion du jeu étant un trait distinctif du caractère anglais, il arrive ici comme pour les courses de chevaux que le jeu s'engage de part et d'autre sur les chances de succès plus ou moins grandes du boxeur préféré, et que des sommes considérables sont quelquefois perdues ou gagnées par les admirateurs, selon qu'il a été heureux, selon qu'il est sorti de la lutte respirant plus ou moins.

Dernièrement ont eu lieu les funérailles d'un des boxeurs les plus renommés du *Ring*, Thomas Winter, plus connu sous le nom de Spring. C'était le successeur immédiat du célèbre Crib, surnommé le champion de l'Angleterre qui est mort également il y a quelques mois. Le *Bell's Life*, un des journaux favoris du sport à Londres, consacre un article nécrologique à la mémoire de ce grand artiste, qui a eu l'honneur de battre pendant vingt ans les plus habiles boxeurs de la vieille Albion. Il énumère avec complaisance toutes les prouesses du boxeur défunt. Malheureusement, dans une occasion qui fait tache à la vie *si bien remplie* de Spring, celui-ci reçut d'un de ses adversaires un coup de poing si vertement appliqué qu'il en perdit un œil, en même temps qu'il faillit en perdre la raison. Cet accident n'a pas empêché d'ailleurs M. Spring de se retirer honorablement dans les douceurs de la vie privée, et de tenir pendant plusieurs années un des *public houses* les plus fréquentés du quartier populaire d'Holborn, à Londres.

Le *Bell's Life* raconte les détails de la cérémonie funèbre de Tom Spring. Nous nous bornons à traduire l'article, sans commentaire. Cette espèce d'oraison funèbre montrera l'estime dont jouissent les boxeurs dans l'esprit de leurs compatriotes.

« Les restes mortels de l'ex-champion de la Grande-Bretagne, Thomas Winter Spring, ont été, mardi dernier, restitués à la terre, avec la solennité, le respect et le regret dus à l'excellence des vertus publiques et privées qu'avait toujours pratiquées le décédé. La procession funèbre est partie de *Castle Tavern*, cette maison où, pendant vingt-trois ans, Thomas Winter, par sa courtoisie et son haut caractère, réunissait tous les soirs autour de lui l'élite des sportsmen de la vieille et de la jeune école. Dans cette lugubre circonstance, nul de ses amis privés et des admirateurs du vrai courage et de la belle conduite n'a manqué au rendez-vous.

« L'heure du départ du pauvre Tom pour sa dernière station sur cette terre — un monticule verdoyant dans le cimetière de Norwood — avait été indiquée pour dix à onze heures du matin, et bien avant cette heure, la spacieuse et large rue d'Holborn était complétement occupée par la foule; plusieurs amenés là, sans doute, dans le but de payer à la mémoire du décédé un dernier tribut d'éloges et de respect; d'autres attirés par une simple curiosité; tous s'accordant pour rendre un éclatant témoignage aux nobles qualités du cœur dont Tom Spring était si éminemment doué. Depuis Gray's-Inn-lane jusqu'à Farringdon-street, Holborn tout entier s'est trouvé envahi par la file des piétons et des voitures.

« Pendant ce temps-là, les parents, les conducteurs du deuil et les amis les plus intimes du défunt, s'étaient réunis au dedans des portes sombres, dans le but de s'entendre sur les places qu'ils devaient occuper dans la cavalcade funèbre. Celle-ci consistait en un nombre respectable de muets et de pleureurs, un dais de plumes, un char traîné par quatre chevaux empanachés, caparaçonnés, contenant le corps du décédé, trois voitures de deuil décorées de plumes suivant l'usage.

« Pendant que le cortége louvoyait lentement sur sa ligne de parcours, des groupes empressés, mais respectueux, s'aggloméraient sur tous les points d'où la vue pouvait s'étendre. Holborn, Endell-street, Wellington-street, Waterloo-road, finalement Norwood. Quand on fut arrivé au cimetière, un grand nombre de ces hommes qui dans les temps de la jeunesse de Winter avaient été en relation avec le digne boxeur soit comme adversaires, soit comme alliés, et dont les sentiments d'estime et d'affection n'avaient fait que s'accroître avec les années, se trouvèrent réunis dans la chapelle funéraire, pour assister aux rites solennels qui accompagnent l'homme à sa dernière demeure, pour adresser un dernier adieu à ce qui restait de tant de courage, de force et de dignité. Parmi ceux-ci on remarquait tous les grands boxeurs de l'Angleterre, Bill Neate, de Bristol, Jem Burn, Ben Caunt, Peter Grawley, Martin, Owen Swift, Ned Adams, Tom Maley, Joe Phelps, etc. Puis MM. Renton Nicholson, Wensley, Hales, Moorsem et autres *licensed victuallers*.

« Le service lu, à côté de « la maison étroite, » dernière demeure assignée à tous les hommes, produisit une impression profonde. Il est vrai que la voix solennelle et grave du Rév. M. Anderson était admirable. Au moment où la première pelletée de terre a retenti sur le couvercle du cercueil et à l'instant où le ministre a récité ces paroles de la liturgie : « Cendres sur cendres, poussière sur poussière, » *Ashes to ashes and dust to dust*, plus d'une paupière s'est trouvée humide et plus d'une poitrine mâle et vigoureuse s'est sentie agitée.

« Et maintenant, un dernier devoir, — celui de conserver la mémoire d'un homme de cœur, dont les Grecs et les Romains, dans des âges plus héroïques, auraient commémoré le souvenir par des autels, des statues et des poëmes immortels, — reste à remplir, non-seulement à ceux qui admirent le bien opéré dans les conditions les plus difficiles de la société, mais encore à ceux qui veulent le faire naître et le stimuler, — ce devoir est d'élever un monument respectable au-dessus de la tombe où reposent les restes de Winter. »

Ceci a été écrit sérieusement et sera lu sérieusement par les Anglais; le boxeur est aussi populaire au-delà de la Manche, que le tauréador au-delà des Pyrénées: Je n'ai pas entendu dire, cependant, que les Espagnols aient songé à élever une statue à Montès, le plus illustre combattant de taureaux, *la mas illustrada Espada*, de la Péninsule.

LETTRE QUINZIÈME.

Londres, 30 juin.

Avant de quitter l'Angleterre, je voudrais bien dire un mot sur les riches habitations et sur l'existence des lords à la campagne.

A l'exception de quelques grands seigneurs comme le duc de Devonshire, le duc de Northumberland, la duchesse de Sutherland et quelques autres, les lords n'ont pour ainsi parler que des *pied à terre* à la ville. Ils ne vivent pas à Londres ; ils y passent deux mois de l'année, les mois de mai et de juin ; après quoi, ils se hâtent de retourner dans leurs châteaux.

J'a vu, l'année dernière, les châteaux des bords du Rhin, j'ai visité entre autres celui du prince de Prusse, situé sur la rive gauche du fleuve et où fut reçue, il y a quelques années, la reine Victoria. Je dois déclarer que ces châteaux ne sont pas plus pittoresques, mais qu'ils sont moins richement ornés et décorés à l'intérieur que les splendides habitations de l'aristocratie anglaise.

La plupart de ces édifices remontent aux siècles derniers et quelques-uns datent de la conquête. Windsor, le plus magnifique château des rois d'Angleterre, cette noble construction, bâtie par Guillaume le Conquérant, semble avoir servi de modèle à toutes les habitations féodales dispersées sur le sol anglais.

« J'y ai vu, disait M. A. Jubinal dans une lettre publiée par un journal, des tapisseries merveilleuses, — des boiseries dont nous n'avons pas d'idée, — des bahuts du moyen âge sans rivaux, — des bronzes antiques, — la plupart des anciennes porcelaines de Sèvres données par nos rois à leurs favoris. On y trouve des bibliothèques dont quelques-unes sont composées de 100,000 volumes choisis dans les ouvrages les plus rares et les plus chers ; et il n'y a guères aujourd'hui de tableau de maître, qui, mis en vente, en France ou en Italie, n'en sorte pour aller habiter l'une de ces demeures princières.

« Les parcs, les jardins, les serres, sont aussi une partie très-remarquable des châteaux anglais.

« Le duc de Devonshire, dans sa propriété de Chatsworh,

y consacre plus de 300,000 francs par an. Cinquante personnes sont attachées à l'entretien de la partie spéciale des parcs anglais nommée *Pleasure-ground*. Quant à la vie que l'on mène dans ces délicieuses retraites, il m'est facile de vous en donner une idée, car j'ai passé plusieurs jours dans le Yorskire, chez lord ***.

« En voici l'arrangement par le menu, comme dit Michel Montaigne :

« Dès qu'un étranger arrive, on met immédiatement plusieurs domestiques à son service personnel ; on lui assigne un ou plusieurs chevaux de selle, une voiture de maître est constamment à sa disposition ; enfin, on lui remet les clefs de la bibliothèque, du médailler, de la galerie, etc. Voilà pour les premiers moments. On va même quelquefois plus loin. On enlève ou on dissimule les objets qui pourraient lui être désagréables. Ainsi mon hôte possédait ou croyait posséder dans son *Baronsalhall* (la salle des ancêtres, sorte de galerie militaire des plus curieuses) un fragment d'étendard pris à Waterloo. Ce débris était dressé en forme de trophée sur des fusils français. Par une exquise convenance, dans la crainte de m'offusquer, lord *** fit couvrir ces objets d'un vaste crêpe, et comme, lorsque je visitai la salle, je m'aperçus de cette exquise et ingénieuse politesse, si pleine de bon goût et de convenance :

« *Ne m'en remerciez pas, me dit gracieusement mon hôte; en France, vous en eussiez fait autant et avec vingt fois plus de raisons.* »

« La journée, dans un château anglais, se partage en plusieurs actes très-distincts, le déjeuner d'abord, qui a lieu vers les dix heures et pour lequel ma demi-toilette suffit, à la condition toutefois qu'elle sera élégante et fashionable ; — puis la promenade, la chasse, le travail (pour ceux qui l'aiment), soit en compagnie, soit seul à seul.

« Enfin le dîner, où il est de rigueur de paraître en grande tenue...

« Après le dîner on cause, on joue, on fait de la musique, quelquefois l'on danse.

« Entre les deux repas la plus grande liberté est laissée à chacun et personne ne vous demande compte de votre occupation ; mais il serait tout à fait *shocking*, à moins d'être sérieusement indisposé, de ne point rester au salon après dîner ou de se retirer de bonne heure.

Durant le temps qu'ils passent à la campagne, et pour une partie de la *high life*, c'est la majeure partie de l'année, les Anglais se visitent mutuellement, soit pour de vastes parties de chasse, soit pour des bals et des fêtes. Il n'est pas rare de se trouver ainsi réunis jusqu'à quarante ou cinquante étrangers, ayant un nombre proportionnel de voitures, de chevaux, de domestiques, chez un grand seigneur.

Cette vie errante et voyageuse plaît beaucoup aux Anglais. Elle est pour leur esprit et pour leurs yeux une source de distractions toujours nouvelles. Et puis ils ont de si admirables voitures de voyage ! Des familles entières y sont si commodément transportées !...

Dans les châteaux, d'ailleurs, la chambre de chacun est si confortablement meublée, les appartements communs si admirablement installés ; le parc offre tant de mousse, tant de fontaines, tant de bassins, tant de gazons, tant de volières, tant de jeux de toutes sortes, qu'il est facile de concevoir pourquoi même au milieu des rigueurs de l'hiver les Anglais délaissent la ville, où tout n'est que bruit, que fumée, que brouillard, pour la campagne où ils rencontrent la paix, — la solitude ou la société s'ils veulent des amusements nombreux et, par-dessus tout, ce qui ne se trouve jamais à Londres, quelques rayons de soleil, pâles filets d'or qui tombent des nues et semblent un sourire mélancolique du ciel.

LETTRE SEIZIÈME.

Londres, 5 juillet.

Aucun fait politique, aucune discussion parlementaire, aucune bataille, car on s'est battu deux fois à Liverpool, la police et un régiment d'abord, puis la police et un deuxième régiment ensuite, rien, pas même le plus affreux mauvais temps, n'a pu modérer l'ardeur avec laquelle les populations se portent, de tous les coins du Royaume-Uni, vers le palais de Cristal. C'est toujours par 2,500 à 3,000 livres sterling que se comptent chaque jour les recettes. Il n'y a d'exception à cette règle que le vendredi et le samedi, jours où, à cause des hauts prix, on ne voit guère que de 20 à 25,000 visiteurs, une vraie bagatelle qui fait du palais un désert! Il n'est pas un colonel, pas un grand propriétaire, pas un grand fabricant qui ne se fasse un devoir d'envoyer à l'exposition, à ses frais, ses soldats, ses laboureurs, ses ouvriers, et qui ne défraie largement les dépenses de leur séjour. La semaine dernière, le duc de Northumberland avait envoyé une centaine d'ouvriers des champs passer huit jours à Londres. Il leur avait fait préparer un hôtel, leur itinéraire de chaque jour était tracé comme celui des trains de plaisir qui, chaque semaine, amènent ici, dans les neuf maisons qu'a louées Véry à Chelsea, une centaine de nos compatriotes. Toutes les écoles, même celles de la haute Écosse, avaient des députations. Il n'est pas jusqu'aux écoles de charité, celles des Work-Houses, celles des enfants trouvés mêmes, filles aussi bien que garçons, qui n'aient été amenées à l'exposition. Il semble que l'Angleterre prenne à tâche de perpétuer dans l'esprit de sa population actuelle le souvenir du grand spectacle qu'elle met sous ses yeux. Destinés à devenir travailleurs, ces enfants se souviendront que c'est au travail que sont dues tant de merveilles, et ce souvenir leur inculquera l'amour du travail en augmentant le sentiment de leur dignité. Hier mardi, les *teatotallers*, les fervents de tempérance, qui ont abjuré l'usage des liqueurs et boissons fermentées, sont venus en procession à l'exposition. On comptait sur une armée, on avait donc placé *deux* ou *trois* policemen de plus à l'entrée principale afin de diriger les voitures et d'empêcher l'encombrement; mais, hélas! l'armée ne comptait pas six mille hommes! Aussi, cette poignée de gens s'est-elle bientôt perdue au milieu du palais, et à peine de temps en temps pouvait-on apercevoir un teatotaller.

Au reste, la curiosité des Anglais, excitée d'abord par les costumes et les figures étrangères, se blase. Les barbes mêmes ne sont plus regardées avec le même étonnement, et, si l'on en juge par de nombreux exemples, elles n'ont pas déplu à tout le monde, car les voilà qui s'implantent sur bon nombre de visages britanniques, sollicités, sans aucun doute, par le goût naissant de ce qu'ici l'on nomme sans façon la partie femelle (*the female part*). Il y avait l'autre jour à l'exposition un officier français en uniforme, le sabre au côté. Eh bien ! on le regardait à peine, et, si sa présence étonnait quelques personnes, c'étaient surtout des Français, qui, comme nous, voyaient avec peine cet enfantillage presque inconvenant.

La question la plus importante, après la distribution des médailles, est celle qui concerne le palais lui-même. Le détruira-t-on? le conservera-t-on? Les avis sont très-partagés. Le colonel Sibthorpe, dont l'histoire dira le nom comme du seul ennemi qu'ait encore l'exposition, réclame vivement, nouvel Érostrate, pour sa démolition. Un compromis a eu lieu. Aux termes de la concession du terrain, l'édifice devait être enlevé au mois d'octobre. Mais l'administration des forêts vient enfin de donner un nouveau délai jusqu'au 1er mai prochain, et MM. Fox et Henderson, de leur côté, ont consenti à prolonger la location jusqu'au même temps. Rien ne presse donc, et le parlement, sollicité par les pétitions et par l'opinion, à l'ouverture de la session prochaine, aura le temps de passer un acte pour sa consécration définitive sur le terrain du parc. C'est un fait qui, dans notre pays d'autorité quand même, doit paraître étrange, que ce respect absolu de la loi de la part de la couronne. Quoi! le parc est un parc royal, et la reine, et la cour, et les ministres ne peuvent distraire de ce parc une portion à peine sensible pour y perpétuer le palais de Cristal? Voilà qui est étrange! Eh! mon Dieu, oui; c'est comme cela. Le parc est à la couronne, cela veut dire au public. C'est un parc royal, comme les taxes sont des taxes royales, comme les grandes routes sont les routes de la reine. Le directeur général des postes appelle bien *sa propriété* une lettre qu'il est chargé de remettre. Or, le parc est au public, et les cockneys y tiennent. Nul n'oserait en changer la destination, y couper un arbre, sans l'autorisation omnipotente du parlement. Le respect de la liberté, celui des droits acquis, est vraiment frappant pour les étrangers accoutumés au sans-façon de leurs gouvernements. En voici un exemple.

Il y a en plein *Strand*, derrière une des plus grandes

églises de Londres, une petite et sale rue qu'on appelle Holywell, la Source sainte. Cette rue n'est guère habitée que par des spéculateurs éhontés sur le vice et la démoralisation. Les deux côtés de cette rue sont bordées de boutiques où sont exposés en vente aux vitrages (à l'intérieur, car à l'extérieur cela constituerait un délit) tous les livres qui ont fait la scandaleuse réputation du temps de la Régence. Ces livres ne se vendent pas seulement, ils se louent aux jeunes gens, qui peuvent ainsi se démoraliser à bon marché. Ces bouges, groupés dans cette rue, mais aussi disséminés en d'autres quartiers de la ville, sont l'opprobre de Londres ; et cependant, malgré les efforts d'une société qui s'était formée pour la suppression de ce honteux commerce, malgré les efforts du clergé, malgré les clameurs de la grande presse, ce trafic a résisté et est florissant, et la rue susdite est, jusqu'à une heure avancée de la soirée, encombrée de jeunes gens, qui lisent avec avidité des titres de livres ou des annonces qui à elles seules contiennent un délit contre la morale.

Il y a plus, j'ai lu dans les grands journaux l'annonce de ces maisons de commerce avec le catalogue choisi des œuvres qui s'y débitent. Mais ce qui est affligeant pour nous particulièrement, c'est que tout cela est décoré du nom de français. Magasins français, littérature parisienne, peintures d'artistes français. Les plus grands noms de notre art se trouvent ici accolés à des productions infâmes. Ce mot de français est un appât sans doute. Il n'est pas besoin de protester contre cette honteuse déception. Ce foyer d'infection est certainement ce qu'on peut concevoir de plus dangereux pour la jeunesse d'une ville de deux millions d'âmes, où la sécurité publique est telle que les enfants mêmes y sortent seuls, et que les jeunes filles y sont sollicitées par les parents à faire chaque jour une promenade de plusieurs heures. Eh bien! on hésite devant la suppression sommaire de cet égout. Les tribunaux ne sanctionneraient jamais un pareil abus d'autorité. On a poursuivi quelques-uns de ces hommes, on est parvenu à les condamner, mais savez-vous sous quel prétexte? pour importation de livres étrangers sans paiement de droits. Ces livres sont imprimés à Londres, mais ils portent des noms parisiens, la rubrique de Paris, des noms de rues fantastiques et supposées à Paris. Leurs détenteurs n'ont pas pu réclamer leur origine anglaise, ils ont été saisis. Certes, chacun voudrait voir fermer ces écoles de vice, mais on ne peut s'empêcher d'admirer une hésitation qui prend sa source dans la base de tout l'édifice, le respect de la liberté individuelle et du droit constitutionnel, base qu'il faut garder intacte, car si, ici, elle protége le vice, elle protége en même temps les plus grands intérêts de la nation. Tout en Angleterre est fortement empreint de ce respect du gouvernement pour la loi. Voilà pourquoi le public la respecte à son tour.

Au moment de quitter cette Angleterre que je ne connais que très-imparfaitement, je l'avoue, et que je n'ai pas, du reste, la vaniteuse prétention d'avoir étudiée à fond, je ne pense pas avoir manqué aux lois de l'hospitalité en disant franchement ce que je pensais, à tort ou à raison, sur les choses de ce pays. La politesse la plus élémentaire exige qu'on soit sobre d'observations critiques quand on parle des personnes; mais à l'égard d'une nation et d'une grande nation comme l'empire britannique, le dernier écrivain n'a-t-il pas le droit de prendre ses coudées franches? D'ailleurs, je ne suis pas tellement absorbé dans les détails microscopiques, que je ne me sente prêt à admirer, tout en faisant mes réserves, ce vaste ensemble de forces et d'intelligences, cette prodigieuse machine sociale qui fonctionne depuis si longtemps à l'abri des craquements du globe et des violentes secousses du continent. A un certain point de vue, l'analyse se perd dans la synthèse, et c'est une magnifique synthèse que cette nation isolée qui a cent bras comme le géant antique, et qui, de chacun de ses bras, enlace le monde; ce n'est pas un gouvernement digne de la sympathie et même de l'admiration des peuples, mais ce n'est pas non plus un gouvernement méprisable que cette oligarchie dont les flottes couvrent les océans, dont le nom est redouté sous toutes les latitudes et dont le pavillon abrite sous ses larges plis près de deux cents millions de sujets.

Hier encore, des hauteurs du panorama de Gravesend, je voyais deux vaisseaux qui couraient vers la mer et emportaient en Australie toute une population d'émigrants. Pour l'Anglais, l'Angleterre est partout où le lion et la licorne supportent l'écusson des trois royaumes. Le sol natal refuse de le nourrir; il le quitte sans se plaindre, et va, argonaute intrépide, planter sa tente colonisatrice à l'autre bout de l'univers. « Vivez heureux, dit-il à ses lords; nous allons, nous, les déshérités de l'île maternelle, mais protégés par notre qualité de sujets anglais, conquérir la fortune que vos pères ont conquise pour vous seuls. » Et il part en jetant un dernier hourra à la gloire et à la prospérité de la vieille Angleterre, car il n'oublie jamais qu'elle lui a donné ce qui est à ses yeux le premier des titres et des honneurs, le grand titre de citoyen britannique. Dans vingt ans d'ici, la Nouvelle-Zélande sera une grande nation comme la nation anglo-américaine. Elle aura ses industriels, ses commerçants, ses flottes, ses armées, ses hommes d'État, et tout cela aura été formé de l'écume de la société anglaise. Comment ce peuple ne serait-il pas fier quand seul, parmi tous les autres, il peut arriver à de pareils résultats et légitimer ainsi cette orgueilleuse parole de Fox : « Les îles britanniques sont la capitale de l'Angleterre ! »

Toute comparaison entre l'Angleterre et la France serait puérile, pour ne pas dire ridicule. Le génie des deux peuples est essentiellement différent. Chacun vaut par les qualités qui lui sont propres. Nous sommes, nous le peuple poli, artiste, missionnaire et chercheur ; l'Anglais est le peuple industriel, pratique et organisateur. Nous agissons par l'idée ; lui, par l'application. Ce qui pourrait nous être permis, tout au plus, ce serait de risquer une comparaison entre Londres et Paris. En voyant cette activité industrielle et commerciale des bords de la Tamise, et en nous souvenant du goût et de l'urbanité qui règnent sur les rives de la Seine, nous dirions alors, dans une métaphore peut-être un peu forcée, que Londres est la cuisine de l'univers, et que Paris en est le salon.

FIN

APPENDICE.

Comme je ne voudrais pas que le lecteur pût supposer que j'aie obéi à un parti pris en écrivant ces lettres et que j'aie parcouru Londres grimpé sur un *dada* systématique, je demande la permission de faire suivre cette correspondance de quelques extraits d'articles adressés aux journaux par des écrivains distingués. Ces fragments auront encore cet avantage qu'ils compléteront ce tableau de Londres que j'ai eu à peine le temps d'ébaucher pendant mon court séjour dans la capitale des îles Britanniques.

La lettre suivante, adressée à l'*Indépendance belge* est de M. Jules Lecomte, le brillant auteur des *Courriers de Paris* publiés chaque samedi par ce journal.

« L'Angleterre, séparée de la France par un bras de mer que deux heures à peine suffisent à traverser, restera longtemps à mille lieues de nous par ses mœurs, son caractère national. A peine, Monsieur, a-t-on mis le pied sur le sol britannique, qu'on est frappé des contrastes. Le bateau qui m'apporta contenait une centaine de voyageurs, qui furent sur-le-champ aux prises avec un pareil nombre d'Anglais, marins, douaniers, gens du port et du chemin de fer : le contraste jaillit sur-le-champ, et très-vivement, du choc de ces individus. Notons les circonstances, pour mieux saisir le trait. On arrive à Folkestone le long de la jetée de *pierres sèches*, soit dit pour leur agencement, et on sait qu'on a deux heures à attendre pour le départ du railway. On a donc le temps de descendre à son aise, et de grimper tranquillement la rampe qui conduit du tillac au quai. Mais, pourtant, si on allait ne pas arriver à temps? Aussi, le bateau n'est pas encore en contact avec la jetée, que déjà tous les voyageurs français sont courus au plat-bord, où ils s'entassent armés de tous leurs paquets, sacs de nuit, valises, femmes et enfants. Le bateau s'arrête, les marins qui l'attendent poussent à ceux du bord une longue planche formant pont-volant, et à chaque bout de laquelle les contrôleurs de la traversée doivent recevoir le *ticket* qui prouve qu'on a payé son passage. De plus, la douane est là, qui veille à ce que rien ne soit soustrait à son examen, de sorte que tout débarquant doit déposer cartons, paniers, cabas, nécessaires, tout ce qu'il porte. Il faut donc que les voyageurs passent un à un par cette espèce de filtrage d'un double contrôle, et comme on a le temps, tout peut se faire avec ordre. — Le temps, dites-vous? Est-ce que les Français ont le temps? Voyez-les un peu! Dieu quelle mêlée! quelles poussées! que de coudes et de parapluies on se fourre dans la poitrine et dans les reins! Les basques des habits, les pans des châles, tout s'engage et tire dans des pressions contraires; les chapeaux des femmes sont aplatis; les pieds écrasés; les époux égarés; on s'étouffe, on se décoiffe, on se déchausse, on s'éborgne... Mais il le faut bien, Monsieur, on n'a que deux heures à soi..., et il faut bien dix minutes pour débarquer!

Et notez que par cette furie, — qui retarde le débarquement, — on risque de tomber à l'eau, à part les horions formels qu'on attrape! Mais la planche est enfin franchie, malgré les Anglais se récriant, mais sans trop s'animer, toutefois, contre cette inutile précipitation. Il faut voir, avec quelle ardeur l'escalier du quai est gravi! Ah! ce sont bien les Français, moins les Françaises, faits pour l'abordage et l'escalade. Ne dirait-on pas, sauf les parapluies, d'impétueux soldats grimpant à l'assaut de quelques forteresses? S'il s'agissait de conquérir l'Angleterre, la *furia francese* ne ferait pas mieux qu'elle ne fait, déposée là par ce pacifique train de plaisir! Ah! le plaisir de faire du train, de presser, de pousser, de partir tard, mais d'arriver vite! ça! à la rescousse! à l'escalade! car il s'agit d'être là haut trop tôt!

Et, en effet, il faut maintenant rester là, sur le quai, parqué entre deux cordes de suspicion douanière, à attendre que tous les bagages soient débarqués, pour que la visite s'ouvre ensuite. J'ai vu des Anglais, des Allemands, rester tranquillement les derniers sur le bateau, le quitter après nous (car moi aussi j'étais instinctivement parmi les impétueux!) et débarquer avec la majesté toute à son aise d'un Turc et de sa pipe. Cette leçon valait bien le bagage, sans doute? Du tout! une demi-heure après ç'a été à recommencer aux portes vitrées du Custom-House, à l'intérieur duquel on voyait les douaniers ranger les colis sur de longs comptoirs. A la vérité, on avait encore plus d'une heure et demie pour le départ..... Mais pour qui prenez-vous les Français? Tandis que nous nous promenions (car cette fois j'étais parmi les raisonnables insulaires) sur le quai, regardant, causant, humant un peu de ce pâle soleil anglais du mois de juin, la foule était là recommençant, se pressant, se ruant, s'étouffant, et cassant les carreaux de la porte, trop étroite pour ce flot impétueux!

A la table des passeports, même furie. Il y avait là

quatre commis, habits noirs, cravate blanche, proprets, pincés, gourmés, prenant magistralement les feuilles, et les visant majestueusement : ils ont le temps ! Mais les Français ! Voyez, c'est toujours la même et incorrigible impatience. Tous sont précipités, les uns sur les autres, et les bras en l'air, passeport déployé ! les cous sont allongés, les regards sont inquiets ; comment pourra-t-on arriver à faire enregistrer chacun sa feuille, à ces commis..... qui sont là pour cela ! Ceux qui ont pu se faufiler près des tables, accablent nos scribes de leurs sollicitations impertubablement faites en français. Le commis repousse non moins imperturbablement, et en anglais, les feuilles dont on le couvre, et fait sa petite affaire tranquillement, sans se fâcher, ni sans rire, et sans s'activer, devant l'inquiète bourrasque qui gronde et bat autour de lui !

Façonné par l'expérience, je fus visé un des derniers, ayant eu le temps de déjeuner dans la salle voisine, tandis que les autres se bousculaient. Le bagage rendu, ce fut à qui se précipiterait ensuite dans les waggons, comme par crainte que la place y manquât pour gagner Londres. J'allai, avec un autre modéré, visiter le splendide *Hôtel du Pavillon*, puis voir la mer sillonnée de voiles, et les côtes de France, du haut de la colline d'où pend la ville de Folkestone ; puis arrivés encore trop tôt à la station, nous prîmes commodément place dans les waggons ajoutés au convoi, tandis que, depuis une heure, l'ardente cohue s'ennuyait, pressée dans ces boîtes, où elle devait rester encore trois heures!

La morale de tout ceci, c'est que les plus inquiets, les plus tracassés, les plus impétueux des Français, n'arrivèrent pas à Londres une seconde plus vite que les Anglais, qui avaient pris confortablement et dignement leur temps pour chaque chose.

Eh bien! Monsieur, ce que je viens de rapporter là, n'est pas un détail si futile qu'il le pourrait paraître au lecteur léger. C'est, au fond, un incident qui traduit, trahit avec une grande portée philosophique une des causes caractéristiques dont les effets sont les plus sérieux; — c'est-à-dire que le calme, la mesure que l'Anglais apporte en toutes choses, fait la force, la grandeur du pays, et lui permet de bâtir solidement, et pour l'avenir, là où notre fiévreuse ardeur, notre frivolité impatiente nous porte à construire sur le sable. Les faits viendront peu à peu à l'appui de cette proposition.

Et dès à présent, pour obéir à l'enchaînement logique des impressions que doit éprouver un voyageur qui arrive (tout en restant dans la voie du développement de cette idée), je constaterai quelque chose qui peut sembler bizarre au premier aspect, et qu'un peu de réflexion finit pourtant par expliquer. Cela, je l'ai éprouvé à chacun de mes voyages en Angleterre : C'est qu'en y débarquant, on ne tarde pas à sentir, à ressentir, à penser presque,... autrement qu'en France! Une sorte de mystérieuse transfiguration s'opère en nous. Notre être moral se modifie. Ayant beaucoup voyagé pendant dix ans, et par les contrées les plus diverses, je puis constater que ce phénomène ne se réalise guère qu'en abordant l'Angleterre, si ce n'est pourtant en *parlant* les langues étrangères, ce qui, je le soutiens, amène à *penser* autrement. Il est convenu que, pour bien parler une langue, il faut penser dans cette langue..... et non pas confier à ses lèvres un travail de traduction. Eh bien! tout est là. En pensant en italien, par exemple, vous vous placez dans un milieu d'habitudes, de mœurs, d'impressions locales, de superlatifs, qui sont autant d'atténuations de la *pensée française*. Ainsi, dans cette langue, vous direz à une femme à laquelle vous voulez paraître aimable, des choses tout autres que celles que vous lui diriez en français, car malgré vous, vous pensez autrement. Mais ceci serait toute une thèse, je reviens à l'Angleterre. Je prétends donc qu'ici notre impression, notre pensée, notre jugement presque, toutes choses formant notre être moral selon les conditions de notre éducation, de nos mœurs, de notre climat, tout cela, dis-je, est brusquement, — non transformé, bien sûr, — mais altéré, modifié, passagèrement, c'est possible, mais fort sensiblement. Cela s'explique.

A peine débarqué, tous vos sens sont brusquement saisis d'une façon nouvelle. Ce que vous voyez, ce que vous touchez, ce que vous respirez, ce que vous absorbez, buvez, mangez, tout est différent. Enumérons rapidement ces causes, pour rechercher l'effet.

La vue, le premier sens frappé, perçoit des objets, des formes, des accidents qui portent à *la pensée* une impression neuve, brusque, originale. Vous êtes surpris. Un travail s'opère dans le cerveau pour reconnaître les raisons, constater, étudier les motifs de ces aspects nouveaux ; vous comparez chaque objet avec ceux de votre pays ; vous louez ou critiquez ; l'impression est agréable ou pénible : un trouble s'opère dans votre esprit par cette première absorption, cette infiltration que subit votre être moral, par les conduits du regard.

Le climat, si voisin qu'il soit du continent, est presque subitement dissemblable. Vous venez de quitter une température à peu près égale, que l'ordre des saisons ne modifie que par successives initiations. Ici vous trouvez toutes les températures en quelques heures, ce qui justifie si bien la robe de mousseline et le boa de la femme anglaise, bizarrerie dont nous rions, faute de bien juger les causes. Dans la même journée, vous suez, vous frissonnez, vous êtes sec, vous êtes humide. Ajoutez à ces impressions contrastantes qui saisissent votre corps, et pénètrent dans vos poumons, que l'air des villes est chargé d'âcre fumée, de molécules carboniques et fort souvent de méphitiques brouillards. Nier que les vives impressions physiques qui résultent de cet état de choses, de ce malaise subit, soient sans action sur l'être moral, est impossible. La tristesse en est une des conséquences formelles, aidée qu'elle est d'ailleurs par le sombre aspect que cette même atmosphère donne aux villes, perçues par le regard, ouverture directe, si l'on peut dire, de la pensée sur la matière.

Donc, voilà, aussi vite indiqué que possible, pour les deux premiers sens.

Le toucher ne tarde pas non plus à être soumis à des impressions multiples, d'une énumération qui embrasserait l'impossible d'une vie nouvelle, et dont je ne puis qu'indiquer quelques-unes. Il faut, par exemple, admettre que cet étranger dont je parle, touche au pays par les auberges, les logements garnis. Là, sinon dans les demeures aisées, tout est contradictoire à des habitudes quelque peu confortables apportées de chez soi. Les meubles sont durs, anguleux; et on dirait que cette

Angleterre, si essentiellement maritime, donne à ses passagers pour matelas des biscuits de mer! Pour moi, au risque de passer pour un efféminé et un sybarite, j'avouerai que je me réveille chaque matin aussi fatigué de mon lit, que je le suis le soir de mes courses du jour. Je laisse aux physiologistes le soin d'expliquer quelle nature d'action ce malaise, cette lassitude peut donner à l'esprit.

Quant à l'ouïe, il sera bientôt fait d'indiquer la façon nouvelle et charmante dont elle est affectée par la prononciation gutturale et sifflante du parler et des cris qui vous entourent; du névralgique fracas des voitures; des assourdissements de la circulation à laquelle vous prenez part et de l'action pénible de la pensée attentive pour saisir et comprendre cette langue, qui, si bien qu'on la puisse parler, a toujours pour l'étranger des rébellions d'accent, de vivacité, d'abréviations fort difficiles à suivre. De là, une grande fatigue. Restent les sensations du goût.

Celles-là sont les plus impérieuses, les plus puissantes dans leur action sur l'économie animale, sur ces fonctions digestives liées par des rapports si immédiats à la pensée. Votre nourriture est brusquement changée, vos habitudes bouleversées, votre système hygiénique modifié. Les viandes pesantes et généreuses, la bière nourrissante et capiteuse, les noyades de thé, tout cela alourdit, empâte, abêtit et exige un tel emploi de tout notre mécanisme par les fonctions des viscères, que l'esprit, déjà si vivement attaqué par les causes que je viens d'énumérer, ne sait vraiment plus où il en est... ni s'il est !

Vous me direz, Monsieur, qu'on peut s'arranger de façon à se *nourrir* selon ses habitudes, au lieu de se *repaître* à l'anglaise. Je l'ai souvent tenté, et excepté pour ceux qui sont ici dans des conditions de vie sédentaire, et d'entourage dressé, je déclare que cela n'est pas facile. Les vins même, dont on peut substituer l'usage à celui des bières qui alourdissent, et grisent aisément avant qu'on en soit désaltéré, sont arrangés, sophistiqués pour le goût anglais, et les alcools qu'ils contiennent, fertiles en inconvénients nouveaux. Ajoutez à cela le grand usage de condiments mêlés à tout : les piments de l'Inde, les carry, les épices, le feu pilé en poivres de Cayenne, et jugez où l'on en est bientôt, si l'on ne conspire pas contre toutes ces exorbitances, par un complet arsenal de précautions !

Ceci, après tout, n'est pas une critique du régime vital des Anglais. Les habitudes d'un peuple naissent forcément du milieu dans lequel il est né et où il vit. Ce climat veut cette nourriture. Seulement, nous qui arrivons autrement façonnés, nous sommes tout désorientés, tout troublés par ce régime. On s'y ferait sans doute, à mesure que ce milieu nouveau, ce climat, modifierait notre organisme. En attendant, le voyageur subit toutes ces actions réunies qu'aspirent et perçoivent ses sens, et sa pensée en reçoit le contre-coup. J'en reviens donc à mon point de départ, pour prétendre qu'à Londres, *je ne pense pas comme à Paris*. Quiconque me dirait que je tente là un paradoxe me désobligerait fort dans ma sincérité. J'ai, à tout moment, les preuves les plus singulières de ce que j'avance. Si je lis les journaux français, par exemple, je sens fort bien que je n'envisage plus les événements, les faits qu'ils relatent, comme je le faisais chez moi. Hier, dînant avec une célébrité de l'art parisien, et voulant être l'un pour l'autre, ce que nous nous connaissons par nos relations continentales, nous nous consumions en efforts..., et finîmes par nous avouer *que nous nous trouvions tout drôles !*... Je dis ce qui m'arrive, et cela même est peut-être un effet de plus en faveur de ce que je veux prouver. Vous jugerez, Monsieur, de cette étrangeté...

Je crois bien aussi que les heures qu'on passe chaque jour dans cet effrayant kaléidoscope qu'on nomme le *Cristal Palace*, ajoutent un trouble de plus à cette situation de l'esprit, engendrée par les impressions nouvelles subies par les sens. A voir tant de choses, tant de formes, tant de couleurs, tant d'éclat et tant d'efforts... les efforts que vous faites à votre tour pour saisir et comprendre, le tout dans les dispositions ci-dessus indiquées, ne peuvent que vivement ajouter au désordre moral. Non! la pensée n'est plus chez elle, calme, sereine, logique à voyager coup sur coup à travers tant de pays qui ont choisi leurs plus vives attractions pour les réunir là! Hier, je rêvais une semaine de vie bucolique, ayant quelque Florian pour historiographe, comme préparation nécessaire à un examen quelque peu sensé et reposé de cette éblouissante exposition de tout, venue de partout. En effet, celui qui va là regarder avec les yeux de la chair, peut ne gagner qu'un bon mal de tête. — Mais quiconque y voudra appliquer les yeux de l'esprit, devra se mesurer l'effort, se rationner l'examen, voyager à petites journées par ce monde, cet univers que Londres a mis sous cloche, comme un simple fromage de Chichester. Pour aujourd'hui encore, je ne vous dirai donc rien de particulier de *the Exhibition*, vu que les névralgies ne s'écrivent pas.

J'essaierai donc de mieux puiser dans ma pensée troublée, en la concentrant sur un curieux trait de mœurs local.

Une des premières choses qu'on dit, d'ordinaire, à

toute personne décorée qui arrive à Londres, c'est de fourrer son ruban dans sa poche. Vous demandez naturellement pourquoi. On vous répond d'un air assez dédaigneux : — Cela ne se porte pas chez nous ! — Vous demandez encore pourquoi. — C'est, vous dit-on, que ce n'est pas l'usage. — Devant ces insuffisantes réponses, vous persévérez dans vos pourquoi, et, votre conseiller, ainsi pressé, finit par vous répondre que c'est parce qu'en Angleterre il n'y a pas de décorations... et qu'alors...

Ici, Monsieur, vous êtes sur la voie du vrai motif de cet apparent dédain. C'est toujours l'histoire des raisins de la fable. Ceux-ci étaient trop verts... nos rubans sont trop rouges. D'abord on vous en parle comme d'une question de goût et non de droit : Vous portez ça, vous? heu ! ici, ça ne se fait pas ! (lisez ça ne se peut pas !) — Ne dirait-on pas, Monsieur, qu'il s'agit d'un chapeau gris ou d'une cravate écossaise? de quelque objet de toilette qu'on peut prendre à son caprice pour en *décorer* sa personne d'une façon plus ou moins à la mode ou originale?

L'Anglais qui, n'ayant pas de décorations, n'en peut conséquemment pas porter, commence donc par affecter de croire que ce bout de ruban n'est rien de plus significatif chez un homme, qu'il ne l'est dans la toilette d'une dame, et par cet apparent dédain, il met tout d'abord son amour-propre à couvert. Si vous le pressez, il affecte de croire (quelques-uns même le croient) qu'une décoration est une affaire d'héritage..., une acquisition, un petit gage apparent d'estime qu'on se donne entre amis... ou tout au plus quelque chose octroyé par une corporation, une franc-maçonnerie, une municipalité peut-être, ou une compagnie des Indes quelconque, comme on voit chez eux des médailles de batailles en bronze de canon, distribuées, comme la ration, à tout un régiment à la fois. Le dédain simulé des uns a donc fait l'ignorance des autres, et l'on me citait un très-riche imprimeur de la cité, un homme qui vit pourtant au milieu du mouvement intelligent de l'époque, lequel, assistant à la réception d'une croix apportée par un ambassadeur du Nord à un artiste fort distingué, fixé à Londres, ne voyait dans cette distinction honorifique qu'un bijou d'une forme particulière, qu'il s'empressa de soupeser, en demandant ce que cela pouvait bien valoir...

Mais le secret de tout ceci est dans l'envie. Tandis que par toute l'Europe le mérite, la distinction sont honorés par ces signes extérieurs qui recommandent les individus à la considération publique (je parle du principe, sans tenir compte des exceptions, bien entendu,) les poëtes, les écrivains, les artistes, les savants anglais n'obtiennent rien du gouvernement, qui leur défend même d'accepter, à de rares exceptions près, les décorations étrangères. Tandis que chez nous un homme recommandable par ses travaux, ses services, ses découvertes, est décoré par son gouvernement et par les gouvernements amis, ici quiconque n'est pas né noble, ne peut, en dehors de l'armée ou de la diplomatie, obtenir ces distinctions aristocratiques réservées. Cette position d'infériorité doit nécessairement blesser l'amour-propre des hommes qui seraient dignes d'être ainsi visiblement honorés, — et, niant la valeur de ce qui ne leur était pas accessible, ils ont trouvé le moyen d'influencer l'opinion ignorante des masses soit sur le cas qu'on devait faire des décorations privilégiées de leurs nobles, soit sur l'origine de celles que portent les étrangers. La ruse a réussi... et c'est à ce point que, comme l'imprimeur cité plus haut, l'Anglais prend un ordre de chevalerie, comme une sorte de bijou à laisser dans sa boîte et le tiroir, ou que d'autres sont tentés de ridiculiser l'étranger qui a le caprice de se mettre un bout de ruban à la boutonnière, plutôt qu'à sa montre ou à son lorgnon.

On comprend donc qu'il est parfaitement absurde, soit devant ce dépit, soit devant cette ignorance, de changer rien à ses habitudes, de s'amputer de son droit.

Quant aux décorations que l'Angleterre, si injustement prohibitive devant ses illustrations, ses gloires littéraires, scientifiques et autres, mais roturières, réserve aux privilégiés du nom, du rang, qui n'ont eu d'autre mérite que de naître par hasard dans un château plutôt que dans une maison, c'est le cas d'en dire quelque chose, pour mieux faire saisir le trait de mœurs que nous enregistrons.

La Grande-Bretagne compte quatre ordres aristocratiques réservés ; en voici la désignation : Le très-noble ordre de la *Jarretière ;* — l'ancien et très-noble ordre du *Chardon ;* — l'ordre de *Saint-Patrice ;* — le très-honorable ordre du *Bain*. L'ordre très-distingué de *Saint-Michel* et *Saint-George* est pour les colonies ; il y a aussi une décoration spéciale pour l'armée des Indes et diverses médailles militaires. Nous allons rapidement passer en revue ces diverses décorations.

L'ordre de la Jarretière marche en tête de tous. Le *Courrier de Paris* est, il y a quelques mois, entré dans divers détails relatifs à cet ordre solennel, lors de l'admission du marquis de Normanby. L'ordre n'admet, en dehors des princes du sang, que *vingt-cinq* chevaliers choisis parmi les gentilshommes *à six quartiers*, car, par une bizarrerie que l'étude des mœurs anglaises peut seule expliquer, on en est encore là, dans le pays constitutionnel par excellence! Une extinction peut donc seule permettre une admission, et il n'y a que les plus grands personnages qui osent aspirer à se parer d'un insigne bizarre dont l'origine est si futile, qu'à la réflexion, l'ordre ne peut guère compter que comme une sorte de *corporation* de hauts dignitaires.

L'ordre du *Chardon* vient ensuite. On le qualifie de très-ancien, bien qu'il ne date que de Jacques II (1687), c'est un ordre catholique. Son étrange dénomination est d'origine obscure. Elle doit, comme la *Jarretière*, résulter de quelque excentricité britannique. Le chapitre se réunissait dans la chapelle d'Holy-Rood. Jacques II renvoyé, l'antipapisme renversa aussi la chapelle. Plus tard la reine Anne releva l'ordre, dont les statuts ont sans cesse été modifiés, jusqu'en 1833. Le nombre des membres, appelés *frères*, est fixé à *seize*, presque toujours choisis parmi les pairs du royaume. Les insignes sont une plaque, un grand-cordon vert, porté en écharpe, un collier. Le tout offre un chardon et un Saint-André émaillés de sinople, et rehaussés d'or. La devise est : *Nemo me impune lacessit*. Il est d'usage de résigner ces insignes lorsqu'on reçoit ceux de la Jarretière; on ne conserve que la plaque.

Vient ensuite l'ordre de *Saint-Patrice*, décoration irlandaise. Il exige huit quartiers de noblesse. Fondé en

1783, et institué au nom du roi par le lord lieutenant d'Irlande, il ne compta d'abord que quinze chevaliers, plus tard, portés à vingt-deux. Aujourd'hui il compte *quatre-vingts* titulaires tous grands personnages, les principaux propriétaires du sol irlandais, particulièrement. Les insignes sont aussi, une plaque, un grand cordon et un collier. Le cordon est bleu foncé, le bijou une harpe d'or et la croix du patron de l'Irlande avec la devise : *quis separabit.*

L'ordre du *Bain* vient ensuite. Autre origine bizarre. Henri IV était au bain lorsqu'on lui annonce que deux veuves implorent sa justice : « L'exercice de mes devoirs, — dit le roi, — doit passer avant mes plaisirs. » Il sort du bain, va juger... et fonde cet ordre, en 1400, pour quarante-six chevaliers. Henri IV osa y faire entrer quelques bourgeois influents des villes. Mais l'aristocratie sut bientôt empêcher la reproduction de faits semblables, et l'ordre rentra dans ses priviléges exclusifs. Toutefois, et sans doute à cause de cette immixtion, l'ordre du Bain pâlit, et ce fut George Ier qui le ranima, entre autres plans ingénieux, pour apprivoiser les consciences parlementaires. Horace Walpole a dit : La résurrection de l'ordre du *Bain* fut une banque habilement créé au capital de 36 rubans, pour fournir au ministre un supplément de faveurs remplaçant les places. » Il détournait ainsi les demandes de la Jarretière, et s'arrangeait pour que le ruban rouge fît attendre patiemment le ruban bleu. L'ordre ne comprit que 35 chevaliers-compagnons, gentilshommes, bien entendu. A l'époque des guerres de la Péninsule, ayant à récompenser de grands services militaires, le régent créa un certain nombre d'extra-chevaliers. En 1815, il modifia l'ordre, pour en récompenser aussi les services civils, mais toujours, bien entendu, à l'exclusif bénéfice de l'aristocratie du rang, du grade. Les insignes sont, comme plus haut, collier, plaque, cordon. Le signe offre les trois couronnes des royaumes, avec cette devise : *tria juncta in uno*. Le ruban est rouge. Il est d'usage de résigner cet ordre, lorsqu'on est admis dans l'un des précédents. Quelques personnages, tenant à ce ruban, refusent, pour le garder, d'accepter l'autre.

Restent les médailles militaires : elles ont été données à des officiers pour les guerres du continent. Ce sont des distinctions d'ordre inférieur et tout spécial. Souvent des régiments ont été décorés en masse, pour avoir assisté à une bataille. C'est ainsi qu'une de ces médailles, qui porte le nom de Waterloo, offre d'un côté l'effigie du prince régent, et de l'autre une victoire, avec le nom de Wellington sur la tête. — Il y a aussi une autre médaille (*honorary medal*) qu'on décerne à de hauts fonctionnaires, et qui est comme une sorte de degré ajouté à tout ordre dont ils sont déjà décorés. — Il reste enfin quelques autres médailles spéciales à certains régiments, comme moyen d'émulation. Tout cela est, comme on le voit, tout à fait en dehors du système de distinctions honorifiques que l'Europe continentale a adopté au XIXe siècle particulièrement, pour récompenser, signaler à la reconnaissance ou à l'estime publique, les hommes qui forment une classe à part dans l'universalité des populations, par leur gloire, leurs talents, leur vertu.

L'ordre de *Saint-Michel* et de *Saint-George* est de création récente. En voici l'origine : Les îles Ioniennes ayant été, par les traités de 1815, placées sous le protectorat exclusif de la Grande-Bretagne, en même temps que Malte lui était livrée en toute propriété, ce fut pour célébrer ces importantes conquêtes dans les mers méridionales, que George III institua, en 1817, cet ordre, dont les statuts ont été revisés en 1826. Il comprend 15 grands'croix, 20 commandeurs et 25 chevaliers, choisis d'une plus libérale façon que pour tous les ordres précédents, parmi les natifs des îles Ioniennes ou de Malte, qui se sont éminemment distingués par leurs mérites, dans leurs fonctions, etc. Les insignes sont ceux déjà mentionnés; le ruban est divisé en trois zones : deux bleues, une rouge. Les deux saints sont figurés au centre du bijou d'émail à sept pointes, nombre pareil à celui des îles. On voit que c'est encore là, au point de vue de l'Angleterre, une distinction exclusive, et ce que le gouvernement fait pour ses insulaires orientaux, il le refuse à ses gloires nationales.

C'est aussi une décoration tout exclusive que celle intitulée : *Ordre de l'Inde Anglaise*, destinée à consoler les Indous, qui ne peuvent, quelle que soit leur distinction, arriver à un grade supérieur à celui de lieutenant, dans l'armée qu'entretient la Compagnie des Indes, et qui compte près de 200,000 soldats indigènes ou Cipayes.

L'Angleterre en est donc, à cet égard, restée aux temps féodaux. Avant que la Constitution de 91 vînt abolir chez nous les ordres de chevalerie ou les corporations qui exigeaient des preuves de noblesse, nous avions au moins l'ordre de Saint-Michel, que les rois des XVIIe et XVIIIe siècles distribuèrent aux savants, aux grands artistes, aux grands écrivains. D'autres contrées de l'Europe étaient dans la même voie. Ce siècle a vu toutes les distinctions accessibles à tous. M. Guizot, fils d'un marchand, a la Toison d'Or, ordre aristocratique par excellence, et que l'Autriche, du reste, n'eût peut-être pas aussi facilement donné que l'Espagne à un.... parvenu.

Ce rapide exposé touchant les décorations anglaises me paraît, dans les priviléges qu'il expose, complètement expliquer la situation de l'opinion populaire du pays, devant les distinctions honorifiques dont les étrangers sont parés à leurs yeux. Et, en effet, le savant, l'artiste, l'inventeur, le lettré anglais, doit souffrir de cette infériorité humiliante; et, par une rébellion instinctive de son amour-propre, du sentiment de sa valeur, il doit en arriver même à faire assez peu de cas de ces décorations auxquelles il n'est point agrégé. Chez lui, elles sont le privilége exclusif des hasards de la naissance, ou de la possibilité de se distinguer dans l'unique milieu de certaines castes; — il a donc le droit de diminuer leur importance par l'épigramme ou le dédain. Chez l'étranger, elles signalent des hommes de tout rang, qui peuvent ne lui pas être supérieurs, — un peu de jalousie est conséquemment naturelle. De cet état de choses général naît donc l'affectation que mettent les Anglais à paraître ignorer ou méconnaître les signes extérieurs de ces distinctions dont, il faut le dire, on est si friand en Europe, et à l'égard desquelles il s'est produit bon nombre de ces abus, où la faveur remplace le droit. Toutefois, il faut constater ceci, c'est que si l'on rencontre assez souvent des gens que le favoritisme ou l'intrigue ont paré de ces insignes, il est assez rare de voir un homme d'un mérite réel, éminent, ou même distingué dans sa voie, qui n'en soit revêtu, à moins que quelque circonstance spéciale, — comme celles qui naissent souvent, de la politique, par exemple, — ne l'ait placé dans une de ces positions exceptionnelles, qui retardent son agrégation. Quant à l'Angleterre, il faut que le sentiment du privilége y soit bien profondément enraciné encore, pour qu'un gouvernement aussi avancé que le sien dans une foule de voies émancipatrices, n'ait point osé jusqu'à présent créer un ordre pour récompenser les hommes de génie ou de talent qui l'illustrent à tous les degrés de l'échelle sociale. Il serait temps cependant d'admettre tous les Anglais aux récompenses nationales, puisqu'ils sont tous admis aux charges et affaires de l'État. Mais ce n'est point là le seul côté étrange, la seule anomalie, chez ce peuple si libre..... par les lois, si esclave..... par les mœurs et les préjugés. Les faits viendront peu à peu à l'appui de ces propositions. »

M. Jules Lecomte terminait par les réflexions qui suivent la série de ses lettres :

« Je clorai ces impressions personnelles, ces observations, ces boutades, ce voyage enfin, voyage humoristique s'il en fut, Monsieur, par quelques derniers traits, quelques retouches, dirai-je, ainsi que fait un peintre qui a laissé reposer son dessin quelques jours, et qui le reprend pour appuyer les lignes qui lui semblent justes, ou modifier celles qui manquent d'exactitude.

J'ai accusé les Anglais d'être trop positifs, trop matériels, trop épris de l'or. Je leur ai reproché leur manque d'aptitude pour ce qui est la forme, le goût, les fines jouissances de l'esprit. Je dois aujourd'hui, qu'il s'agit de conclure, dire aussi les avantages incontestables qui résultent, au profit de la nation, de ces propensions des individus. Je dirai comment ce positivisme d'une part, et cette absence de ce que les phrénologues appellent la fantaisie, de l'autre, ont, en résumé, fait la force et la puissance de cette Angleterre, si bien que nous, gens de plaisirs et d'élégance, peuple artiste et impressionnable, roi de la mode et du goût auquel tant de charbon et de fer sont antipathiques, nous avons perdu les Indes, et que c'est le yacht anglais qui y flotte, — mais, à la vérité, nous avons les plus beaux bronzes et les plus beaux meubles en bois sculpté de l'Exposition !

Après tout, ce reproche que j'ai fait aux Anglais d'être si positifs, et de manquer à certains égards de ce sixième sens qui est comme la partie la plus exquise de tous les autres, réunie en quelque chose de subtil et de fin comme la susceptibilité de la sensitive, ce reproche, dis-je, des Anglais eux-mêmes l'ont formulé. J'ai mes autorités. Ainsi, par exemple, je dirai qu'un écrivain justement célèbre, et qu'on confond souvent avec son frere, un diplomate brouillon, M. Edward Lytton Bulwer, l'auteur de *Pelham*, d'*Eugène Aram*, etc., me le disait un soir : « le respect que les Anglais accordent à la richesse absorbe tout. L'homme de lettres ici ne peut compter sur rien. Il n'a aucune part fixe dans cette richesse qui est l'aspiration et presque toujours la conséquence du labeur de tous. Les gens que l'Angleterre paie le plus chèrement sont : 1° ceux qui nous tuent, les généraux ; 2° ceux qui nous trompent, les politiques ; 3° ceux qui amusent nos oreilles, les musiciens. Quant aux hommes qui agissent sur l'esprit, qui instruisent ou qui font méditer, ils vivent de l'exception. »

Cette boutade d'un homme d'esprit dépité, qui, de même que Byron, a conquis son indépendance d'esprit national, par suite de quelques déceptions, vient bien à l'appui de ce que j'ai pu dire, en ces lettres légères, tout en rendant une justice trop rapidement formulée peut-être (je visais à amuser...) aux grandes qualités de ce peuple qui a fait de son Etat comme la capitale industrielle et commerciale du monde. Et cette opinion de l'auteur de *Robert Devereux* est aussi, en outre qu'elle est mon excuse, la consécration de premières observations sur le manque absolu de distinctions honorifiques pour récompenser le génie, le talent roturier, dans ce pays sérieux où les honneurs sont réservés aux politiques et aux soldats. C'est Helvétius, je crois, qui a observé que le degré de vertu civique et l'échelle des talents qui existent dans un Etat, sont toujours proportionnés au soin que l'on met à distribuer avec intelligence les récompenses publiques. Ici, rien. Byron n'eût peut-être jamais été baronnet, s'il n'eût été lord! Comment voulez-vous que le peuple se préoccupe des œuvres de ces hommes qui n'obtiennent du gouvernement que l'indifférence, sinon le dédain? Walpole affectait de mépriser sa plume, parce qu'il savait que dans le rang social qu'il tenait, écrire était *déroger*. Un professeur faisant un jour l'éloge de Boyle, ne trouva rien de plus frappant pour clore un panégyrique, que de s'écrier : « Boyle fut un très-grand homme, car, *père* de la chimie.... il fut surtout le *frère* du comte ce Cork! » Et pourtant, la chimie, c'est là une chose positive, ce me semble! Jugez donc, Monsieur, lorsqu'il s'agit des poëtes!

Mais il est temps d'étudier le positivisme, qui, si déplaisant qu'il soit au *sentiment* d'un homme d'art, d'un Français, dirai-je, ne saurait être condamné par son *raisonnement*. C'est lui qui fait la puissance de l'Angleterre, et sa force, et sa stabilité. C'est par lui que l'ordre règne, et que toute chose est à sa place (sinon toutes gens) pendant qu'ailleurs on s'éprend de mots, et que pour eux, on saccage tout. Pour mieux faire apprécier ceci, quittant les généralités, je rentrerai, selon ma coutume, dans la mention des faits, dans quelques exemples.

Ainsi, par exemple, la police, si admirablement faite à Londres. On a souvent parlé des *policemen*, ces sergents de ville du pays. Tandis qu'en France notre esprit de rébellion fait de ces hommes quelque chose d'antipathique, là-bas l'esprit d'ordre produit un résultat contraire. Chez nous, le sergent de ville, qui sait que la population le voit avec défiance, agit envers elle sous l'empire instinctif d'un sentiment de réciprocité hargneuse, brutale. Là-bas, au contraire, où le *policeman* se sait bien vu, appuyé par l'opinion, il se conduit de façon à augmenter toujours l'heureuse efficacité de devoirs dans l'exécution duquel chacun l'aide. En France la police agit en quelque sorte malgré les populations, en Angleterre elle opère avec leur concours même.

Aussi le policeman est obligeant, prévenant, poli ; on l'interroge, on l'interpelle, on le consulte. Il est le renseignement vivant, l'appui naturel de tous. Il est propre et de bonne mine ; son aspect a une sorte de dignité. J'ignore si, comme le sergent de ville parisien, il est parfois recruté dans des catégories suspectes ; mais, certes, à le voir, rien ne le fait penser.

Le service de ces hommes est organisé avec un ordre admirable. Il couvre à toute heure et en tous lieux l'immense ville de Londres d'un réseau de surveillance, de secours, qui est un des côtés les plus précieux du positivisme anglais. Reliés les uns aux autres par une limite calculée, par un signal avertisseur, rien ne leur échappe sinon dans certains quartiers où, dit-on, l'autorité juge à propos de laisser un peu faire. La nuit, par exemple, ouvrez votre fenêtre, appelez : il accourt. Il vous dit l'heure, et le temps qu'il fait ; pour un incendie, il avertit son monde ; pour un malade, il va chercher le médecin. Vers onze heures du soir, il commence ce qu'on appelle la ronde de sûreté, c'est-à-dire qu'il s'assure si toutes les maisons sont bien fermées. Il va éprouvant chaque porte, et si un oubli, une négligence a fait oublier le verrou, il sonne, vous réveille et signale le danger. Ajoutons qu'il est incorruptible et qu'il joue sa place à l'infraction. Tout ce qu'il se permet, c'est d'accepter la pinte de bière que lui passent, le soir, à travers les barreaux des grilles, les cuisinières sensibles à son habit bien brossé. Pour moi, j'ai toujours très-volontiers interrogé les policemen, — jamais je n'ai parlé à un sergent de ville. — L'un attire, l'autre repousse... bien qu'il aime énormément à retenir !

Et comme je trace ici quelques impressions dernières,

et que j'épuise mes notes, voici, à propos des domestiques anglais un petit trait qui, lui aussi, touche à cet éternel positif, qui, on le voit, a du bon, pris dans ses résultats.

En Angleterre, l'aristocratie existe à un degré impérieux et risible jusque dans la domesticité des maisons.

Les grandes existences anglaises ont autour d'elles une foule de gens, qui égale presque l'entourage créole. C'est d'abord la *house-keeper*, femme de charge, intendante. Puis le *butler* ou sommélier, le *valet de chambre* auquel est resté l'appellation française, et la *lady's maid*, gens sans livrée mangeant ensemble, se fréquentant de maison à maison comme une classe de pairs, et tenant le reste de la domesticité à une distance respective égale au moins à celle qui les sépare de leurs maîtres.

Vient ensuite la livrée, les valets de pied, les grands gaillards qui portent de longues cannes derrière l'équipage, les bonnes d'enfants, le maître cuisinier, ayant aussi leur table à part, tenue à distance par les précédents, et ne frayant point par en bas.

Là, enfin, sont les aides de cuisine, les aides de garderobe, les palfreniers, les marmitons, tout le menu fretin du service, qui vit de rogatons et de rognures. Ceux-là respectent plus la première classe des serviteurs que les maîtres eux-mêmes, qu'ils ne voient presque jamais, du reste, des profondeurs où ils vivent.

On a déjà parlé de la façon dont on aborde ces demeures cellulaires, dont l'alignement correct et monotone forme la ville de Londres et ses environs, souvent semblables à des caveaux de famille auxquels ne manquent ni la grille noire, ni le nom sur la porte, ni souvent le petit enclos de la façade, qui semble attendre d'autres tombeaux. Là encore nous trouvons l'application de notre observation d'en haut. La porte est garnie d'un marteau et de deux ou trois sonnettes. Le fournisseur qui veut franchir la porte, toujours soigneusement fermée, sonne à la cuisine. Le domestique qui apporte une commission, le marchand qui remet un article, frappe un coup au *knocker* ou marteau. Deux coups pressés, c'est le facteur.

Un visiteur se révèle de lui-même, selon le degré d'importance qu'il veut se donner. C'est ordinairement cinq ou six coups pressés qui montent d'un ton, dirai-je, si vous ajoutez un coup de sonnette... à la clé. Presque toujours, dans les rues passantes, un gentleman qui frappe ainsi à une porte, est contemplé par des gens qui passent... Ce sont des envieux, condamnés par leur position à ne tirer que la sonnette de la cuisine, ou qui ne peuvent toucher le marteau que pour y frapper un coup. Leur rêve, leur idéal, serait de pouvoir faire rendre au *knocker* ce ramage retentissant qui émeut la maison et fait regarder ceux qui passent... Ce trait est formel, il peint un étrange travers se reliant une fois de plus à l'observation générale. Le marteau de la porte est pour ces jaloux, ce qu'est chez nous le dîner de chez Véfour aux yeux de l'Auvergnat qui se gratte au carreau, en passant la langue sur ses lèvres concupiscentes.

Enfin, la visite qui vient en équipage s'annonce par un cataclysme de coups de marteau qui cause des soubresauts à tout le quartier. On y ajoute un coup de sonnette à tout arracher. On n'en vient pas ouvrir plus vite pour cela! Faire attendre est un autre genre, du dedans, qui répond au genre qu'on se donne au dehors, en mettant ainsi tout à feu et à sang! Le temps qu'on perd à Londres à attendre aux portes est une chose révoltante. Ayez un journal.

Vous savez, Monsieur, combien sont nombreuses les taxes qui frappent les Anglais pour répondre à un énorme budget, et aux services d'une dette considérable. Les domestiques jouent un très-grand rôle dans ces prétextes dont la loi s'empare pour faire payer à beaucoup de gens, et leur faire payer beaucoup. On paye pour chaque domestique mâle, qu'on l'ait à l'année, ou de passage. On paye pour sa livrée, pour ses boutons ; on paye pour la poudre qu'il est du plus grand ton de lui appliquer sur la tête ; on paye pour la canne des valets de pied.

On paye pour les équipages, pour les chevaux, pour les mulets, pour les ânes, pour les chiens.

Celui qui loue une voiture paye ; celui qui la livre paye. L'omnibus paye, la diligence paye, le fiacre paye, le charretier paye. Cheval d'attelage, carrosse ou charrette, payez. Payez, cheval de selle ; payez, cheval de course ; quoi que vous soyez, et à qui que vous soyez, payez toujours !

On paye pour les armoiries qu'on porte sur sa voiture, qu'on met sur ses meubles, sur sa vaisselle, sur son argenterie ; on paye pour l'écu gravé sur le cachet. Cela n'empêche pas une foule de gens de basse extraction, mais vaniteux, des parvenus enfin, de se parer de toutes sortes de blasons risibles. Ils en couvrent les panneaux de leurs voitures ; mais qu'importe, ils payent ! j'en pourrais citer, dont on rirait bien ici.

Il y a en outre, bien entendu, tous les impôts perfectionnés du continent : portes, fenêtres, mobilier, personnel, plus l'eau, les pauvres, etc. Ce droit des pauvres monte à 200 fr. par an sur une modeste existence de 6,000 fr. Le droit sur tout revenu ou profit supposé, tiré d'une profession, s'élève à 3 pour cent. Mais je dois m'arrêter dans cette voie, qui me ferait dérailler de ma thèse, et m'entraînerait dans des appréciations indéfinies. Par exemple, le règne exorbitant, révoltant, scandaleux, des hommes de loi-marrons, en Angleterre, la dextérité irrémédiable avec laquelle ils dépouillent les gens, 1,400 francs de frais accumulés sur un billet de 150 francs, fait à ma connaissance, et par ailleurs l'extrême facilité avec laquelle un banqueroutier plus ou moins honnête arrange ses affaires, et comme quoi, moyennant un petit quart-d'heure désagréable, passé devant certain juge, un homme criblé de dettes peut sortir libéré, et tout prêt à recommencer.

Il y a un trait, d'apparence insignifiante, qui démontre cette pente éternelle, invincible de l'esprit anglais vers les choses positives. C'est le soin attentif avec lequel tous les journaux reproduisent le menu de tout banquet, festin, dîner qui a lieu chez l'autorité ou chez les grands seigneurs. Vous lisez tous ces potages et ces entremets singuliers dans le *Times* sérieux, dans l'aristocratique *Morning-Post*. Tout bal, toute fête voit aussi publiée la liste des invités, et parfois avec description de costumes et mémoires de tailleurs et de couturières à l'appui.

Il y a un autre trait que je suis presque fâché de consigner ici, tout en n'y résistant pas. C'est que dans un grand nombre de contrats, d'actes de société, faits entre négociants, on prévoit, comme clause de rupture le cas d'ivrognerie... Je ne le voulais pas croire; on m'a montré les preuves...

On reproche au Français qui voyage,—par hasard,—de vouloir tout ramener à son point de vue et de comparaison nationale. Il a, pourrait-on dire, dans l'œil un petit compas, avec quoi toute chose est mesurée, et condamnée si elle n'offre pas les proportions préconçues. Cela est vrai en quelques points, et en celui-là surtout, qu'il s'étonne que partout on ne lui parle pas sa langue, attendu que la France est presque inévitablement traversée par tout homme qui veut aller d'un pays dans l'autre. J'espère échapper à ce travers par l'habitude que j'ai de la vie de touriste. Non, ce que je demande à l'Angleterre, ce n'est pas d'être la France... Dieu la préserve de l'imitation en une foule de points! Mais ce que j'y regrette, c'est de voir employer si mal tout l'or qu'elle a, nous qui employons si bien le peu que nous avons. Il me semble, par exemple, que ce *confortable* anglais dont on parle tant, qu'on a adopté chez nous le mot, dont l'Académie s'arrange comme elle peut; il me semble, dis-je, que ce confortable n'est pas très-mathématiquement prouvé. Je le disais, et on me répondit : voyez l'intérieur de quelques familles. J'ai suivi le conseil, et j'ai compris qu'en effet, c'est le confort relatif — le leur, pas le nôtre... et, au fait, comme ils sont chez eux, et point chez nous, ils s'arragent selon leurs mœurs et goûts, réalisant ce proverbe connu : que chacun prend son plaisir où il le trouve. Un mot à ce sujet.

Londres est une immense ville, quadruple de Paris en étendue, bien que double seulement en population. C'est que là chacun ayant son gîte, son habitation exclusive, ce vaste régime cellulaire, imité des castors, prend sur le sol l'espace qui, chez nous, où plusieurs ménages habitent la même maison, est prélevé par les airs. Mais Londres est un séjour si peu agréable que, de même que tout homme riche qui peut s'en évader s'en va se fixer sur le continent, de même tout individu occupé à s'enrichir se sauve le soir à la campagne. On vient le matin en équipage, en waggon, en omnibus, faire ses affaires au milieu du bruit d'une circulation, effrayante dans certains quartiers, au milieu du brouillard et de la fumée, et le plus vite possible on se sauve sur les collines, essayer de respirer un peu. C'est ce besoin impérieux de la fuite pour une notable partie des habitants, qui donne aux environs de Londres un aspect si particulier aux yeux du voyageur. En effet, cette capitale est comme un centre d'où rayonnent en tous sens une foule de routes toutes bordées de ces petites habitations qui plaisent tant au premier regard, et qui deviennent moins charmantes à l'examen.....

Donc, la famille que j'allais visiter habite une de ces petites demeures phalanstériennes, inexorablement pareilles tout le long des chemins. La file dure des milles entiers sous une corniche qui les nivelle. On y demeure par tranche. Un mur intérieur coupe l'espace du haut en bas. C'est mathématique en diable, et monotone comme vous pensez. C'est absolument ce que vous voyez à Londres même, dans les rues non marchandes : la cuisine en cave, — salle à manger, salon au rez-de-chaussée, — les chambres à coucher au-dessus, et un toit à plat, comme un couvert coffrant le tout. Seulement, hors la ville, il y a devant chaque habitation large comme la tranche de maison de parterre, de gazon avivé de quelques fleurs. Les files d'habitations qui ont un jardin par derrière sont plus fashionables et plus chères. Dans tous les cas, c'est toujours quelque chose de forcément étroit, long si cela se peut.

Il faut le flegme, la morgue et le *cant* anglais, pour que cette vie n'amène pas forcément des tas de connaissances forcées par le voisinage absolu de la chaîne dont vous êtes l'anneau. La diable d'*étiquette* et le *shocking* citadin vous poursuivent jusque dans les libertés du costume matinal de votre plate-bande surveillée par tant de fenêtres alignées... et on appelle cela la campagne! A cela près, c'était un intérieur aimable et charmant; j'en compris bien vite les douceurs positives pour des gens qui n'ont pas les idées éveillées sur tout ce que peut procurer de plaisirs intelligents la fortune. Nous fîmes un dîner que j'appellerai anglais pur... sauce! C'était abondant, généreux, condimenté, arrosé de vins chers au palais des Anglais... et à leur bourse. Reste à raconter un incident de ce dîner, qui est un autre trait de mœurs.

M. H***, le maître du logis, avait, huit jours auparavant, assisté à un concert de l'*Union musicale*, fort remarquablement organisée et dirigée par un artiste anglais, M. Ella. Il y avait entendu un violon fameux, Sivori. Or, comme il frotte lui-même un peu de violon, on lui demanda à plusieurs reprises ce qu'il pensait de ce grand talent. Pendant tout le dîner, il se borna à se manifester à ce propos en des : ho! ha! rien de plus. Sa femme dit qu'elle n'en avait rien obtenu au-delà depuis huit jours. Mais voilà qu'au dessert, et les dames retirées, comme on ne parlait plus musique et depuis longtemps, et qu'on ne s'attendait à rien... notre homme éclata tout à coup, au milieu d'autres discours, et le voilà parti comme un énergumène, lâchant la bonde à une admiration exclamative, et ne trouvant plus assez de superlatifs pour peindre ses transports au sujet du grand artiste entendu depuis une semaine, et sur le compte duquel il avait jusque-là été impossible de lui arracher un mot!

Cet homme s'était contenu, refréné, maîtrisé longtemps. Pourquoi! Qui le sait! Vanité personnelle de virtuose, — amour-propre national, — orgueil d'un homme qui ne veut pas être ému! Mais tout cela lui grouillait, lui fermentait à l'intérieur, et au moment venu, la machine, brisant la compression, avait fait irruption, et nous avait lancé ses éclats à la figure!

Au reste, et comprenant surtout certaines originalités du caractère anglais, cette existence de famille, qui ne demande rien au dehors, et se limite en soi, a de véritables douceurs, et une dignité incontestable. On conçoit très-bien comment la femme, en ce pays, sorte de la vie sociale par cette porte du mariage, laquelle ouvre au contraire le monde aux jeunes personnes françaises. Dans aucun pays, je crois, la femme n'est plus absolument épouse et mère qu'en Angleterre, aussi ai-je regretté qu'en se plaignant, fort courtoisement du reste, de certains passages de mes lettres, le *Times* se soit trop arrêté à la forme, au lieu de la traverser pour saisir la pensée. J'ai dit, et je le répète en d'autres mots plus sérieux que la femme de 25 à 40 ans n'existe pas en

Angleterre, au point de vue purement social (cela va sans dire) contrairement à ce qui se passe en France, — ou en Belgique, ce qui est la même chose — où la jeune fille, si libre là-bas, est surveillée, tenue, retenue, prend sa place dans la société dès qu'elle est mariée, et y jouit de toutes les libertés que les mœurs, sinon les maris, lui accordent. En Angleterre une jeune fille sort seule, ou même avec un cavalier, — chez nous, non. En France la femme mariée sort avec un cavalier, ou seule, — en Angleterre point. La femme de 25 à 40 ans qui, chez nous, règne infiniment, qui fait les modes, donne le ton, emplit et pare les loges des théâtres et des concerts, va aux eaux, tient salon, danse et valse, monte à cheval, nage, chante dans le monde et le trouble, — cette femme enfin, qui exerce tant de ravages dans nos mœurs, qui cause des passions, qui ruine son mari par ses prodigalités, ou qui le sert par ses influences, cette femme-là, dis-je, le grand pivot, l'éclat, le polype de notre vie sociale, l'Angleterre ne le possède que dans les classes élevées, dans la *nobility*. Les classes bourgeoises, commerçantes, aisées, n'ont de visibles que les jeunes filles qui cherchent un mari, — ou les femmes qui en ont fini avec les devoirs de la maternité. Or, comme ces dernières ont passé les quinze ou vingt années brillantes de leur vie dans les obscurités du ménage, il en résulte, qu'inexpérimentées, peu faites à la vie extérieure, n'en ayant même pas pris le goût, timides et peu éclairées, elles ne se produisent guère, comme si elles sentaient qu'il est trop tard... Le *Times* me pardonne!

On conçoit donc que là où la femme sociale fait défaut, règne l'épouse, la mère. Le nombre exorbitant d'enfants qui leur naît, les absorbe, mais développe leurs qualités privées. Je n'hésite pas à attribuer en grande partie aux sollicitudes, aux soins dont cet état de choses entoure l'enfance anglaise, la beauté, la force des jeunes générations.

On conçoit aussi que les maris ne fassent rien pour changer, modifier un pareil état de choses, qui cause sa sécurité conjugale; l'homme chez lequel nul voyage comparatif n'a ouvert de nouveaux horizons dans sa pensée, celui qui n'a rien vu, rien senti que les calmes et monotones jouissances de cette vie de famille, s'y plonge matériellement chaque soir jusqu'à l'heure des affaires qui l'appellera à la Cité, le lendemain.

Voici autre chose, que je n'ai pas eu le temps d'observer, mais qui m'a été affirmé par un Anglais qui, si je le nommais, serait incontestablement accepté par ses compatriotes comme un fin observateur.

Une jeune personne trop douée par l'esprit, trop distinguée par les goûts, a infiniment moins de chance de s'établir, dans les classes les plus positives, du reste, de la nation, que celle qui n'aura de disposition que pour le pudding et le thé! si elle lit plusieurs langues, si elle pratique quelque art, si elle parle littérature et voyages, les négociants en ont peur, et il y a tout à parier que, si elle n'a pas une grande fortune qui contrebalance ses *désavantages*, elle leur devra un éternel célibat. Son désastre naîtra de ces causes mêmes, aspirations et goût, qui charmeraient la vie d'un homme qui l'eût comprise. Bien plus! les mères craindront sa société pour leurs propres filles, persuadées qu'elles sont qu'on se marie moins si on pense trop....

Une chose analogue se produit, m'assure-t-on, dans une sphère sociale plus élevée, pour les hommes. Il y a d'amusants romans de mistriss Gore, qui décrivent toute la stratégie que déploient les mères pour attraper un riche mari pour leurs filles. Les intrigues qu'ils racontent ne seraient nullement exagérées. Je saisis la portée sociale qu'ont ces intrigues, au point de vue que je poursuis. Ce n'est pas l'homme le plus aimable, le plus instruit qui est recherché, invité, les séductions maternelles et filiales s'adressent au plus riche. L'homme d'élite est même le plus souvent repoussé comme dangereux pour ces jeunes cœurs qu'il faut enchaîner d'or. De sorte que la société s'encombre d'être nuls, qu'on flatte pour leur richesse, et dont pour cela on feint de partager les goûts prosaïques, se bornant à parler chasse, chiens, chevaux. Jugez la place qu'obtiennent les lettres, la poésie, les arts délicats, les fins plaisirs de l'intelligence, dans une société à ce point absorbée par le positif. Je sais bien qu'une irrésistible pente me ramène toujours à ce reproche : c'est l'instinct qui, malgré moi, triomphe du raisonnement. Mais n'ai-je pas avoué, constaté que ce positif, souvent fâcheux à constater chez les individus, fait la force, la puissance et presque la gloire de la nation?

Autre aveu. S'il me coûtait, mes critiques précédentes seraient un système, au lieu d'être une opinion, une tentative de jugement. Et cet aveu, on pourrait croire qu'il m'est rebelle, puisqu'il se rattache précisément à cette question d'art, qui est, de toute évidence, le côté inférieur de l'Angleterre, et à ce point que nos ouvriers de choses de goût et d'élégance sont chaque jour embauchés par elle. A la vérité, nous avons, pendant 20 ans, embauché des ouvriers fondeurs et mécaniciens pour établir nos usines : c'est toujours la même chose : à elle le fond, à nous la forme.

Mais revenons. J'ai visité l'exposition des peintres vivants, — j'ai été surpris. Sans doute, le niveau de l'école actuelle de peinture anglaise est inférieur au nôtre, à celui de la Belgique, — mais la distinction n'en est pas moins formelle. Landseer, ce Lafontaine et ce Grandville peint ; — David Roberts, paysagiste fameux, l'auteur de l'admirable voyage en Egypte ; — sir Collcot, qui rappelle votre Cuyp ; — Webster, digne successeur Wilkie, rival de notre excellent Charlet ; — Stanfield, qui fige les tempête sur la toile ; — Frost, qui réussira à introduire en Angleterre l'école de l'Albane et de Diaz ; — Creswick, un paysagiste plein de finesse et de vérité, et beaucoup d'autres encore, des aquarellistes surtout, m'ont paru n'être pas suffisamment connus chez nous, — Landseer et Roberts exceptés, — l'un par les innombrables gravures faites d'après ses ravissantes études sur la race animalesque, — l'autre dont les tableaux sont dans quelques galeries de choix. J'aurai probablement occasion de revenir sur les peintres de l'Angleterre, et sur les portraitistes surtout, qui sont de dignes successeurs de Thomas Lawrence et de Josua Reynold ; pour aujourd'hui je veux dire un mot, moins du talent, qui sera sans doute apprécié plus tard, que de la personne, un peu singulière, du doyen de la peinture anglaise, le glorieux Turner.

Turner, on le sait, a admirablement réussi dans la marine et dans le paysage. C'est lui qui a trouvé ce genre vaporeux, effacé, fondu qui, sous la grande entente d'effets de son pinceau hardi, original, a rencontré une véritable poésie, et parfois même l'émotion. Quelques rochers, un peu de mer et de ciel ont souvent suffi pour cela. Il y a de lui mille dessins de keepsakes où ces qualités prestigieuses sont traduites par le burin. Quant à ses tableaux, ils sont fort nombreux et fort recherchés. La plus belle réunion peut-être qui en soit, à Londres, se voit chez un riche négociant de la Cité, M. Bicknell, dans son opulente résidence de Herne-Hill. Cet amateur, dont la collection est une des plus choisies, sinon des plus nombreuses de Londres, possède cinq ou six des meilleures toiles du célèbre artiste, et quelques unes ont été disputées par lui au prix de 3,000 liv. st., chiffre que nul tableau d'artiste vivant n'a atteint chez nous, et dans lequel l'engouement et l'amour-propre plus national encore que personnel, figure bien pour quelque chose. Au reste, M. Bicknell n'est pas seulement généreux pour ses compatriotes, et on citerait de lui divers traits princiers, qui prouvent que ce positivisme anglais, dont j'ai parlé (trop parlé peut-être!) a ses plus honorables exceptions jusque chez les hommes voués aux pures absorptions du commerce.

Je reviens au vieux Turner. Il a 80 ans, il est fort riche, et son avarice est proverbiale, hormis pour un cas : le rachat de ses tableaux. Sa maison est ouverte à tout vent, sinon à tout venant, et la pluie y pénètre par le toit en désordre. Les tableaux pourrissent..... C'est égal ! il se refuse à toute dépense de réparations. Il y a une quinzaine d'années, et encore dans tout l'éclat de son talent, il peignit deux grandes toiles représentant le *Triomphe* et la *Chute de Carthage*, sujets demi-fantastiques, où sa science des effets et le vaporeux de sa touche ont atteint un degré remarquable de poésie. Vingt fois on lui offrit d'acheter ces tableaux, il s'y refusa toujours. Un jour même, un personnage politique lui vint dire que la Reine désirait voir ces chefs-d'œuvre figurer dans une galerie publique...... Il ne tint nul compte du royal désir. Une autre fois, enfin, lord Pembroke lui présenta un contrat en blanc..... espérant que son avarice ne résisterait pas à la tentation d'y écrire quelque grosse somme..... Turner résista !

Un jour, le lord qui préside aux collections nationales, inquiet à la pensée que le *Triomphe* et la *Chute de Carthage* pourraient bien échapper au gouvernement, à l'artiste maniaque, l'alla trouver et lui dit :

— Vous désirez jouir de la vue de vos tableaux..... C'est votre droit. Mais vous vous privez de la somme considérable qu'ils représentent. L'affaire pourrait s'arranger. On peut vous les payer..... mais les assurer à l'Etat,...en vous les laissant tant.....qu'il vous plaira...

— J'entends; et après ma mort?....

— Vous n'êtes immortel que comme peintre, Turner!

— Ah!

— Et là-dessus le vieillard se mit à sourire d'un air fin et narquois.

— Vous refusez?

— Oui..... mes tableaux.....

— Par votre testament vous pourriez, reconnaissant qu'ils sont payés, et payés ce que vous en voudrez, les léguer à la *National-Gallery*.....

— Mon testament est fait! — reprit séchement le vieillard. — J'y parle de mes tableaux.....

— Eh bien?

— Eh bien!.... *ils seront enterrés avec moi!!!*

Les avis sont partagés à Londres, pour décider si une disposition testamentaire aussi étrange devra être exécutée. Les uns se feraient, bien à regret, un religieux devoir d'y obéir, déclarant qu'il n'y a pas au monde de propriété aussi personnellement légitime que celle qu'un artiste a créée de ses mains, de son intelligence et reconnaissant son droit absolu d'en disposer, n'importe comment. D'autres considèrent le testament comme l'acte d'un maniaque, d'un fou, et prétendent qu'on devra passer outre. On dit qu'informé de ces discussions, le vieux Turner a souri, comme un homme qui a quelque plan infernal. A l'instant suprême où ses yeux devront se fermer à jamais sur ces toiles qu'il a tant aimées, il est capable à l'aide de quelque ressort préparé, de quelque ficelle traîtresse, de les anéantir! »

Je termine en citant l'opinion très-sérieuse de M. Michel Chevalier sur la France et l'Angleterre, jugées au point de vue industriel.

« Dans cette lutte où l'on se serre de près, où l'on gagne et où l'on perd tour à tour l'avantage, chacun des deux peuples cependant garde son génie propre. Le génie de la France est le goût. Voilà pourquoi, en présence des soieries façonnées de Lyon, des rubans de choix de Saint-Etienne, des papiers peints de Mulhouse et de Paris, des articles dits de Paris et de vingt autres produits divers, les Anglais s'avouent vaincus de fort bonne grâce. Voilà pourquoi, quand on parcourt les différents quartiers de l'Exposition, on trouve que, hors de la région française, la plupart des objets qui exigent du goût sont écrasés par les nôtres; quelques-uns sont affreux, et le moins qu'on puisse dire de presque tous les autres, c'est qu'ils ont un air provincial. Dans l'orfévrerie, par exemple, que de trésors les Anglais n'ont-ils pas exposés! Ils en ont là pour je ne sais combien de millions. Mais notre orfévrerie peut à peu près toujours appliquer à la leur cette parole de Zeuxis à son rival : « Ne pouvant la faire belle, tu l'as faite riche. » Et nos bronzes d'ameublement, à quelle distance ils laissent tout le reste! Les fabricants de bronze de Paris remplissent la moitié d'une salle à l'Exposition. Nos meubles de luxe, grâce au goût de nos dessinateurs et de nos ouvriers, laissent tous les autres à une grande distance en arrière. MM. Fourdinois, Barbedienne, Krieger, Ringuet, tous de Paris, ont en ce genre exposé des objets ravissants. Le grand buffet de M. Fourdinois, qui offre les statues des quatre parties du monde, supportées par quatre chiens de grande taille, est une pièce dont se parerait un Musée. L'ébénisterie même des départements s'est distinguée : témoin M. Beaufils, de Bordeaux. Le goût, voilà donc notre caractère distinctif par rapport aux Anglais, par rapport à toutes les autres nations qui figurent à l'Exposition universelle.

Les Anglais brillent par l'emploi général des moyens mécaniques, par la mise en œuvre des métaux, surtout de l'acier et du fer, souvent par le côté pratique, commode, confortable des choses, plus souvent encore par l'habile intervention des grands capitaux qu'ils ont eu le talent d'amasser. On peut dire du Français qu'il fait même l'industrie en artiste; l'Anglais la fait en commerçant qui veut un résultat, qui songe moins à la beauté de son produit qu'à l'inventaire de fin d'année. L'Anglais est commerçant bien plus que nous; il l'est jusqu'au bout des ongles, et c'est à cette circonstance qu'il faut attribuer une bonne part de ses succès manufacturiers. C'est ainsi que l'Anglais consulte attentivement le goût de son client : il donne à ses produits la forme, la couleur, l'aunage qui conviennent aux peuples dont il est ou veut devenir le fournisseur. Le Français consulte beaucoup plus sa propre fantaisie. Le penchant instinctif du Français sera d'améliorer la qualité de ses produits, le bon marché dût-il en être retardé; l'Anglais, comme par un effet de son tempérament, visera au contraire sans cesse à produire à plus bas prix, la qualité dût-elle en souffrir. De là, par exemple, ces tissus de coton d'un bon marché incroyable que l'Angleterre fait pour l'exportation. En gros cela se vend tout imprimé quatre sous le mètre; mais à l'usage cela ne vaut pas même le peu d'argent que cela coûte.

Ces caractères ne sont rien moins qu'absolus; ils ne sont que relatifs, et ils souffrent beaucoup d'exceptions. Il serait d'une souveraine injustice de dire que les Anglais se montrent toujours dépourvus de goût. J'ai trouvé un goût distingué dans les services de porcelaine et de poterie fine de Minton, dans les cristaux d'Osler et de Richardson, dans quelques-uns des tissus de soie des fabriques britanniques, notamment dans les crêpes de Chine, qu'à Londres on réussit très-bien aujourd'hui. Il y a du goût dans plusieurs des toiles peintes de MM. Schwabe, de Manchester; il y en a dans quelques-uns des articles de la soierie de Londres; il y en a beaucoup dans le quartier de l'Exposition qu'on nomme « Medieval Court» (cour du Moyen Age), où un artiste habile, M. Pugin, a réuni une multitude d'ornements de style gothique destinés aux édifices religieux. Ce serait donc une très-grande imprudence, une présomption qui ne tarderait pas à nous être fatale, que de nous croire le monopole du goût; c'est un privilége que nous n'avions pas il y a deux cents ans, que nous avons acquis depuis, que nous pouvons perdre si nous nous négligeons, et que d'autres peuvent conquérir par leurs efforts.

Il ne me serait pas plus difficile de démontrer que nous ne sommes pas dépourvus des aptitudes par lesquelles se recommande le plus l'industrie britannique, et que nous devons les cultiver pour qu'elles grandissent. Nous sommes déjà des mécaniciens habiles, devenons-le davantage; appliquons la mécanique plus généralement, introduisons-la dans l'agriculture, où les Anglais lui font faire des merveilles. Nous ne sommes pas des métallurgistes médiocres, approprions-nous de mieux en mieux cette branche des arts, et pour cela ouvrons les ports aux métaux bruts de l'étranger qui sont à bon marché. Nous ne sommes pas sans avoir quelques lueurs du génie commercial, et des efforts soutenus feront de nous les émules des commerçants de Londres, de Liverpool, de Hambourg, de Rotterdam, et nos manufactures et notre agriculture s'en ressentiront bientôt. Rien sans peine ici-bas; mais en se donnant de la peine on parvient à tout. N'oublions pas que si l'un des aspects de la civilisation est de répartir, en le diversifiant, le travail entre les hommes et entre les peuples, c'est le propre aussi de la civilisation de multiplier au sein de chaque peuple les vocations spéciales et d'y développer tous les genres de talent.

Je ne voudrais pas donner à croire cependant que je considère la France et l'Angleterre comme concentrant en elles toutes les grandeurs de l'industrie européenne. D'autres peuples qu'elles brillent à l'Exposition du plus vif éclat. La Belgique, la Saxe, la Suisse sont extrêmement avancées dans les arts utiles; elles suivent de très-près l'Angleterre et la France. La Prusse est dans l'industrie, comme dans les lettres, les sciences et les beaux-arts, une puissance du premier ordre. L'exposition prussienne offre, dans plus d'un genre, la preuve d'un goût très-avancé, et les plus belles pièces d'acier qu'il y ait à l'Exposition sortent des ateliers d'un Prussien, M. Krupp, dont un membre spirituel de l'Assemblée Nationale, M. Hovyn-Tranchère, citait dernièrement les magnifiques cuirasses qu'on interdit à nos braves soldats, en vertu du système de politique commerciale qui nous régit. L'Europe est une par l'industrie, comme elle l'est par les opinions et par les sentiments. Les nations auxquelles on donne le nom de grandes puissances, et qui portent ce titre de l'aveu universel, l'ont bien moins à cause du nombre de leurs baïonnettes qu'à cause de leurs lumières, de leurs idées générales, de la solidité et de l'éclat de leur esprit. Or, qu'est-ce que l'industrie, sinon une manifestation de l'esprit humain, la domination exercée par l'esprit sur la nature? »

FIN DE L'APPENDICE.

Saint-Denis. — Typographie de Prevot et Drouard.

www.ingramcontent.com/pod-product-compliance
Ingram Content Group UK Ltd.
Pitfield, Milton Keynes, MK11 3LW, UK
UKHW020131220726
13923UKWH00001B/108

9 782016 134603